LES HOMMES SONT MEILLEURS QUE LES FEMMES

Une marque des Éditions Music & Entertainment Books
16, rue Albert-Einstein – Marne-la-Vallée
77420 Champs-sur-Marne, France

Deuxième édition pour la traduction française

Titre original : *Men are Better than Women*

Première publication en langue anglaise et traduit avec le consentement de Simon Spotlight Entertainment, une Division de Simon & Schuster, Inc., New York

Traduit et adapté de l'anglais américain par Marc-Emmanuel Konigson
ISBN 978-2-36164-086-6
ISSN : 2116-5572

Directeur éditorial : Eddy Agnassia
Couverture et mise en page : Mathieu Tougne
Collection coordonnée par Flore Law de Lauriston

LES HOMMES SONT MEILLEURS QUE LES FEMMES

DICK MASTERSON

Original BoOks

SOMMAIRE

Car toute femme qui saura se faire homme entrera au Paradis.
Jésus-Christ, Évangile de Thomas

La colère des femmes est le baromètre de la vérité.
Dick Masterson

À tous les hommes et les femmes du monde,
pour avoir quasiment écrit ce livre à ma place.

Remerciements

Je remercie mes lecteurs dévoués, Nicolas Cage (pour l'inspiration de ses films virils), les dizaines de femmes avec lesquelles j'ai couché, et tout particulièrement mon éditeur, Jeremie Ruby-Strauss, pour son aide (virile) à transformer mon *man*uscrit en ce chef-d'œuvre mâle que vous tenez actuellement entre les mains : des mains d'homme.

NdT : Notre ami Dick Masterson (*dick* : bite, et *masterson* : fils de dominant, de maître... d'esclave...) emploie aussi souvent qu'intentionnellement le mot « man » (homme), qu'il accole à de nombreux termes afin d'insister sur la virilité sans faille de son propos. Dans cette adaptation française, « man » sera, selon les cas, traduit pour mieux rendre ces néologismes assumés, ou volontairement conservé en italique lorsqu'il est déjà inclus dans un mot sans pour autant (trop) le déformer (par exemple : *man*uscrit).

INTRODUCTION

Je me présente, Dick Masterson. Bienvenue dans mon livre, *Les hommes sont meilleurs que les femmes.*

Tout d'abord, permettez-moi de vous féliciter. Vous venez de franchir le premier pas, le plus viril, vers un voyage inoubliable sur les traces de votre propre grandeur. Vous avez sans doute déjà remarqué que vous étiez un homme. Cela vous rend supérieur à plus de l'autre moitié de la population – ce qu'on appelle les femmes. Il est conseillé à toute femme qui lirait ceci de poser ce livre et de partir. Ce n'est pas non plus la peine d'en faire tout un plat, comme si vous étiez une sorte de Jésus au féminin. Jésus était un homme, et vous pouvez toujours paraître scandalisée que le plus mignon des vendeurs de votre entreprise ne vous envoie des textos que bourré, à trois heures du matin, vous n'y changerez rien. Essayez de perdre quelques kilos, et soyez moins pathétique. Épargnez-moi vos lettres, par exemple.

Vous êtes des créatures si délicates que vous n'aurez ni le cran, ni l'intelligence suffisante, pour comprendre la logique masculine supérieure, brute et directe, développée dans ce livre. Votre fragile psychologie féminine ne pourrait supporter la profondeur de son niveau intellectuel. Femmes, sentez-vous libres d'aller vous ouvrir l'esprit grâce aux cristaux énergisants, aux roues du Feng Shui, ou à n'importe quelle autre merde new age bidon. Vous ne vous êtes jamais demandé pourquoi toute personne respectable – comme votre père ou Donald Trump – n'était jamais tombée dans le panneau de ces conneries ? Bien sûr que non, puisque vous êtes une femme. Vous ne vous posez jamais aucune question sur rien.

Maintenant que toutes les femmes se sont barrées, laissez-moi, messieurs, vous accueillir chaleureusement dans mon livre. Vous allez avoir droit à une vraie gâterie : quelques heures pour découvrir pourquoi posséder un pénis est quelque chose d'extraordinaire, et pourquoi l'opposé est complément nul. Je pense au vagin.

Ce livre a pour but de célébrer notre condition d'homme ; célébrer notre puissance masculine et nos ressources infinies. Les hommes sont comme les Schtroumpfs. Lorsque nous nous réunissons en grandes assemblées, nous pouvons niquer des Gargamel des centaines de fois plus grands que nous. Des Gargamel comme le barrage Hoover ou le réchauffement climatique. Les hommes savent affronter et venir à bout de toutes les merdes possibles.

Ce livre n'est pas uniquement l'illustration de l'incroyable force de l'homme face à ce qui semble impossible. Il s'agit également de prendre un peu de recul (masculin), et de s'interroger sur notre nature émotionnelle mature et profonde – au moins dix fois plus mature et profonde que celle des femmes.

Les hommes sont meilleurs que les femmes est l'occasion d'entrer directement dans le vif du sujet, et de constater avec quelles tripes tout ce qui nous entoure a été conçu. On parle là de l'invention du feu, des vaisseaux spatiaux et de T. Rex mécaniques capables de broyer des voitures à coups de mâchoires. Ce livre présente enfin la vérité non déformée, et comme le ferait le noble aigle mâle nourrissant sa progéniture, je vous apporte ici un savoir d'une immense richesse.

Ouvrez grand les yeux.

Dick

CHAPITRE 1
L'INCAPACITÉ PATHOLOGIQUE DE TRAVAILLER

Depuis la nuit des temps, les hommes se sont crevé le cul sans attendre la moindre reconnaissance ou le moindre signe d'encouragement. C'est parce que nous sommes des hommes. Nous travaillions avant même d'avoir inventé l'argent. Les hommes savent qu'ils doivent terminer le boulot, à tout prix, même si ça les rend malades. Cette maladie a un nom : la compétence.

S'il vous est jamais arrivé de travailler, vous aurez appris deux choses : les impôts font chier (ce qui n'a rien de surprenant, puisque ce sont les femmes qui les ont inventés) et les femmes sont de parfaites incapables.

Les femmes foutent tout en l'air. Elles sont comme les désodorisants éliminateurs de mauvaises odeurs, à ceci près qu'au lieu de vous débarrasser des puanteurs les plus tenaces, elles picolent puis appellent par erreur un ex-boyfriend, pour ensuite chialer tout le reste de la nuit. Une femme est même capable de foutre en l'air une virée dans un club de strip-tease. Putain ! Même s'il essayait, un homme n'y arriverait pas.

Les femmes représentent une plus grande plaie pour la force de travail que la grippe saisonnière, les nausées dues au Super Bowl, et les vidéos « comiques » sur Internet réunies. Moi, Dick Masterson, je me suis décarcassé pour faire l'inventaire de toutes les raisons qui font que les hommes sont meilleurs que les femmes, toutes professions confondues, sans imaginer un instant être soutenu ou encouragé. Je l'ai fait car, comme tout homme, je souffre aussi de cette maladie handicapante qu'est la compétence.

Les sept métiers capitaux qui, selon Dick, n'auraient absolument jamais dû être confiés à une femme

Comme je le dis souvent : « Femme virée, argent économisé. » Si vous dirigez un business, vous voyez exactement ce que je veux dire. Les femmes peuvent ruiner le produit brut d'une entreprise, en le faisant passer d'un bénéfice excédentaire à presque rien. Ce n'est qu'une histoire d'argent, cependant. Nous autres, les hommes, pouvons toujours nous en sortir et par exemple créer une nouvelle monnaie, comme des bons d'épargne ou des stock-options bidons, voire des doublons espagnols avec un chocolat à l'intérieur. Le problème, c'est qu'il y a des jobs dans lesquels les femmes coûtent plus que l'argent lui-même. Parfois, elles coûtent des vies.

Voici ma liste des sept péchés, pardon, métiers capitaux, qui n'auraient absolument jamais dû être confiés à une femme. Si vous-même, ou quelqu'un que vous connaissez, avez le pouvoir de faire cesser l'embauche des femmes dans l'un de ces domaines professionnels, n'hésitez pas et pesez de tout votre poids mâle.

1. Avocat

Il fut un temps où les avocats n'étaient pas maudits comme la peste. Savez-vous ce qui s'est passé depuis ? Les femmes peuvent désormais exercer cette profession.

En 1970, il y avait 10 % de femmes en première année de droit. C'était sans doute les « lesbiennes » de l'époque. Au passage, les « lesbiennes » simulent tout : d'où les guillemets. En réalité, ces 10 % étaient essentiellement les filles d'hommes riches et intelligents qui voulaient des maris tout aussi riches et intelligents pour leurs petites princesses. Oublions-les un peu, ces « lesbiennes » ; c'est certainement ce que tout le monde a déjà fait.

On ne détestait pas les avocats, dans les décennies précédentes. Vous vous souvenez de *Tribunal de nuit* (*NdT* : *Night Court*, dans les années 80) ? C'était une série avec plein d'avocats, et que tout le monde adorait. Aujourd'hui, les femmes viennent ruiner la première année de droit avec un taux de 44 % d'inscrites et putain, devinez quoi ? Maintenant, tout le monde déteste les avocats.

Il y a un élément destructeur, chez les femmes. Les Français ont sûrement un terme très cool pour définir ça, mais je ne parle pas français, je suis un homme. Ça a peut-être quelque chose à voir avec leurs deux chromosomes X à moitié dégénérés. Si vous avez déjà essayé d'assembler deux aimants de même polarité, vous savez que ça ne fonctionne pas.

Imaginons une femme. Qu'est-elle en train de faire ? Se marier avec quelqu'un qui lui a refilé une blennorragie ? Continuer à le baiser en gardant un flacon de Suprax sous l'oreiller ? Peut-être essaye-t-elle de convaincre son petit ami de ne pas accepter un très bon job à l'étranger, juste parce qu'elle veut rester dans le comté de Miami-Dade, en Floride, avec ses salopes de copines, tout en poursuivant un master en histoire de l'art ?

En réalité, les avocates sont simplement des femmes habillées comme des clowns, avec en poche des diplômes inutiles, obtenus en trois ans dans une école où on leur apprend comment se taire.

La fac de droit, pour les femmes, c'est comme le supplice chinois de la goutte d'eau, mais au lieu de verser l'eau au même endroit pendant trois ans, on fait en sorte qu'elles aient l'air le plus idiot au monde à chaque fois qu'elles ouvrent la bouche. C'est un entraînement à la fermer, et de ce point de vue, je conseille à toutes les femmes de s'inscrire en fac de droit. Mais bordel, qu'ensuite elles ne le pratiquent pas !

Lorsqu'une avocate abandonnera votre dossier parce qu'elle est enceinte, elle vous laissera en plan avec plusieurs assignations à comparaître, et un tas de factures réclamées par le conseil régional de votre ex-femme.

Être homme et avocat, c'est savoir combiner, d'une manière unique, l'équité et la justice. Ce n'est pas un hasard si ce sont des hommes qui ont inventé la loi. Mais une femme avocat, c'est le cauchemar éveillé du harcèlement sexuel. Comme si le monde avait besoin d'encore plus de poursuites judiciaires inutiles.

2. Militaire

Les femmes n'ont leur place nulle part où l'incompétence ne correspond à aucun résultat. Les femmes n'ont donc leur place nulle part, à part dans le domaine de la drague des mecs, pour ensuite déglinguer le contrôle des naissances. Les hommes sont des bonnes poires pour les damoiselles en détresse. Nous autres, les hommes, accordons une grande valeur à l'honnêteté vis-à-vis de nos partenaires dans la vie, et nous sommes obligés de constater que les femmes, qui foutent régulièrement tout en l'air, ne sont que bien peu honnêtes avec nous. C'est presque une vertu, pour les femmes, de tout faire merder.

Mais ne nous laissons pas trop facilement aller. Il ne s'agit pas ici de traiter les femmes de connasses, ni d'être condescendant. Tout faire merder, pour elles, n'est pas réellement une vertu, car elles ne le font pas exprès. On ne peut pas leur reprocher leur incompétence. On peut juste reprocher aux femmes de mentir sur le sujet.

Les Marines forment la partie la plus dure du corps militaire, représentant le meilleur de 1 % de la population américaine. Pourtant, les 50 % les plus faibles de cette population, à savoir les femmes, pensent qu'on leur a gardé une place autour de la table. Désolé, mesdames, mais la table d'honneur est déjà réservée.

Les hommes se sont enculés eux-mêmes, ici. Toutes les putains de merveilles technologiques que nous avons inventées, comme les satellites, ou nos plus grands communicateurs, ont permis aux femmes de l'armée d'obtenir une compensation automatique pour leur inaptitude à lire les cartes et leur incapacité de communiquer. Nous sommes également responsables du fait que ce putain de monde soit stable depuis cinquante ans. Je me souviens à peine du nom de la dernière grande guerre – quant aux femmes, elles n'ont toujours pas assimilé que tout le temps parler de pipes les fait passer pour des salopes. Comment feraient-elles pour assimiler l'Histoire, bordel ? Elles ont plus que tendance à oublier qu'être dans l'armée consiste à aller se battre sur le terrain, et pas à ramasser de l'argent gratuit pour se payer de la chirurgie esthétique.

Toute femme soldat qui prétend s'être enrôlée pour de bonnes raisons déconne à plein tube. Les femmes ne font jamais rien pour de bonnes raisons. Bien sûr, elles savent conduire, et finissent toujours pas comprendre comment allumer votre autoradio, même si vous leur aviez expressément demandé de ne surtout pas y toucher, mais soyez certains qu'elles ne l'ont pas fait exprès. Les femmes sont tout à fait capables d'atteindre la sortie du labyrinthe sans avoir eu besoin de demander de l'aide, mais elles sont incapables de dire comment. C'est juste du hasard, comme un poulet aveugle qui picorerait dans le noir.

On intègre l'armée pour de bonnes raisons comme l'honneur, la patrie ou la défense des libertés. Le personnage de Demi Moore, dans le film *À armes égales* (*G.I. Jane* en v.o.), ne connaîtrait pas ces bonnes raisons si ses supérieurs s'étaient contentés, sans aucune exigence, de lui proposer de l'aider à porter quelque chose de lourd, comme par exemple son arme.

Les femmes ont, vis-à-vis de la guerre, le même comportement que face à un divorce ou une place de parking piquée à un autre. Elles profitent de chaque occasion pour passer devant un mec, et si en plus il y a la possibilité de lui couper la bite sans que personne ne voie rien, alors c'est parfait. Vous imaginez ce genre de mentalité en pratique sur le front ? J'ai déjà vu des femmes foutre la merde dans des garderies pour enfants d'une manière qui aurait choqué les nazis.

3. Médecin

Les femmes nous tuent.

Je dis ça au sens figuré, comme lorsque vous demandez à une femme de changer de chaîne, et de vous épargner son show débile sur Lifetime, et qu'elle vous demande pour la putain de centième fois quelle est la bonne télécommande pour la télé. Ce n'est pas la télé qui permet de changer de chaîne, c'est le boîtier du câble. Voilà ce qui me tue au sens figuré.

Mais les femmes nous tuent aussi au sens propre.

N'importe quel organisme médical universitaire dédié à la diversité vous soutiendra que les jeunes femmes font tomber des barrières dans le monde médical. En réalité, elles ne font pas tomber que des barrières, mais toute la structure de la profession.

Des statistiques issues de l'école de médecine du Cap m'apprennent quelque chose que je sais déjà : les femmes sont des putains de feignasses. Après s'être largement incrustées dans les facs de médecine, les étudiantes suivent un cursus sans éclat dans des spécialisations tout aussi ternes. Ces spécialisations féminines incluent la psychiatrie, la pédiatrie, l'obstétrique et la plus inutile de toutes : la maternité. Les femmes avalent les diplômes médicaux sans être jamais rassasiées, pour ensuite les balancer aux ordures avec le placenta.

Si je ne peux pas obtenir un nouveau foie parce qu'une femme médecin profite de son congé maternité de dix-huit mois, ça va légèrement m'énerver. Non pas qu'elle se sentira concernée, évidemment. Une fois qu'une femme a des enfants, il n'y a plus que ça qui l'intéresse. Environ trois jours après avoir eu un gamin, une femme découvre la récompense sans fin d'une carrière dans le baby-sitting paresseux.

Être mère et élever des enfants est la putain de chose la plus facile au monde. Être médecin, c'est le contraire. La maternité est un million de fois plus facile que la psychiatrie, la pédiatrie ou n'importe quelle autre spécialisation à la con qui sert d'excuse aux femmes, et la maternité est, en particulier, un milliard de fois plus simple que la chirurgie du cerveau, la transplantation hépatique, ou toutes les autres interventions sanglantes dans lesquelles les médecins hommes se spécialisent.

Il faut des couilles pour savoir soigner.

4. Fonctionnaire

Mardi dernier, j'ai passé la soirée dans ma véranda avec un bon cigare et un excellent verre de bourbon. Je tentais d'allumer mon cigare avec une boîte entière d'allumettes parce que j'avais vu quelqu'un le faire à la télé, et j'avais trouvé ça vraiment cool... mais j'ai dû me rendre à l'évidence : les allumettes s'enflamment beaucoup plus vite qu'on ne croit. Alors que j'éteignais, avec le pied, la boîte d'allumettes et un petit feu qui avait pris dans la poubelle, je me suis surpris à penser : *Si j'avais mis le feu à la maison, est-ce que je me serais senti rassuré de savoir qu'il y a deux pour cent de chances pour que mon sauvetage soit compromis par une femme pompier ? Deux pour cent des pompiers sont des femmes.*

Les hommes sont meilleurs que les femmes comme pompiers, policiers et tous les autres boulots en « -iers »

(*NdT* : en v.o., *firemen* et *policemen* – soit tous les métiers qui terminent en *men* = hommes). Nous sommes plus forts grâce à nos muscles, et plus rapides grâce à nos pieds. Faut-il vraiment une autre preuve ? Et les lances à incendie ? Quelle femme sait en tenir une correctement ? Quelle femme pompier pourrait sortir un enfant brûlé d'un immeuble en feu avec un tel complexe d'infériorité ? Encourager des femmes pompiers ou policiers revient à laisser mourir des enfants brûlés. C'est à nous, en tant qu'hommes, de prendre soin de nos enfants brûlés. Qui d'autre le fera, sinon, bordel ?

Des milliers de gens ont déjà souffert à cause du manque de force, de rapidité et de capacité de penser rationnellement des femmes. C'est l'une des raisons qui nous permettent de rejeter les combattantes du feu. Encore plus de gens sont morts d'ennui parce que quelqu'un n'a pas pu raconter une blague sur une femme faisant un truc stupide, juste parce qu'il y en avait une pas loin. Pour ça, on peut remercier *toutes* les femmes.

Il m'est arrivé, un jour, de laisser tomber mon portefeuille dans une bouche d'égout et, ne réussissant pas à soulever la plaque en fer, je l'ai perdu. Bon, bien fait pour ma gueule... Mais imaginez que ce portefeuille ait été un bébé, et la plaque en fer un type de problème nécessitant de posséder un cerveau. Si j'avais été policière, ce bébé aurait directement coulé au fond de l'égout, dans un flot d'incompétence.

5. Professeur

Les enfants sont notre avenir. Disons la moitié d'entre eux. Entuber les enfants est au moins aussi grave que de s'entuber soi-même, en temps réel. Je n'ai jamais rien appris d'une enseignante, si ce n'est comment perdre le contrôle de sa classe. Tout le reste, ce sont des hommes qui me l'ont appris.

Il y a bien sûr quelques questions que vous pouvez poser à n'importe quelle femme, si vous voulez la faire parler de sujets profonds et personnels – en d'autres termes des conneries creuses et répétitives dans l'unique but de baiser avec elle. Les femmes sont comme des moteurs hors-bord du sexe. Qu'importe depuis combien de temps elles sont au repos, il vous suffit de donner la bonne impulsion en donnant « l'impression d'en avoir quelque chose à foutre », et elles ronronneront presque instantanément.

Exemple d'une impulsion efficace : « Qui était ton meilleur professeur ? »

Toutes les femmes ont un « meilleur » professeur et c'est toujours une autre femme. Sauf si elles ont baisé avec – auquel cas, c'est un homme. Une femme qui désigne son « meilleur » professeur, c'est comme le pochtron du village qui remet le prix Pulitzer à son ami imaginaire. Que savent l'un ou l'autre de ce putain de prix Pulitzer ? Que c'est bien ? C'est à peu près tout ce que les femmes connaissent de l'enseignement ; ça, et les trois mois de vacances d'été.

Les femmes sont incapables d'enseigner quoi que ce soit, c'est pour ça qu'elles se vantent d'être de bonnes mères.

Et vous savez ce que cela signifie ? Ne rien apporter. C'est, à partir d'une situation, encourager tout ce qui pourra arriver à continuer. Être une bonne mère, c'est être une putain de sous-manageuse de la vie, assise sur son gros cul à donner son accord passif à des choses qui lui étaient jusque-là totalement étrangères. Être une bonne mère, c'est collectionner les mercis.

Tous les professeurs qui demandent de l'argent à leurs élèves sont des hommes. Les professeurs particuliers, de commerce, d'université – tous des hommes. Ça prouve que les hommes sont meilleurs que les femmes pour l'enseignement. Les strip-teaseuses sont meilleures que les femmes ordinaires, lorsqu'il s'agit de se déshabiller, et pour les mêmes raisons.

On ne peut pas attendre d'un élève de CM2 qu'il entre au milieu d'un cours supérieur de physique et soit capable d'y comprendre quelque chose. C'est exactement la même chose avec les femmes qui commencent à parler, en imaginant transmettre un quelconque savoir. Les femmes ont été témoins de chaque avancée de notre espèce – le feu, l'argent, les habits, la justice, les avions, les trains et les voitures – en pensant : « Rien à foutre, je comprendrai ça plus tard. » En réalité, elles voulaient dire : « Rien à foutre, je baiserai pour *avoir* ça plus tard. »

Aucun intérêt de l'enseigner, car toutes les femmes le comprennent à l'âge de quinze ans, puis mettent leur cerveau en mode pause.

6. Dentiste

Pour rigoler, faisons comme si vous aviez peur d'aller chez le dentiste. Vous passerez juste pour un gros malin. Imaginez que vous entrez dans le hall du cabinet dentaire près de chez vous. Les secrétaires ? Waouh, des femmes. Les praticiennes ? Des femmes. Mon Dieu, désormais, les femmes peuvent même obtenir des diplômes dentaires et ouvrir leurs propres cabinets – du moment que c'est le nom d'un homme qui est inscrit sur la plaque, à l'extérieur. Personne ne veut se retrouver entre les mains du Dr Barbie Barbarella.

Il y a plus de femmes dans l'industrie dentaire que dans celles du yoga, des sites internet pour célibataires et des accros au chocolat anonymes réunies. Face à un troupeau si peu viril qui détient le pouvoir, comment être surpris que les dentistes soient nuls et que tout le monde soit mort de trouille ? Comme pour les avocats, c'est à cause des femmes que les gens détestent les dentistes. À peine dix secondes après qu'une femme dentiste eut commencé à s'occuper de mes gencives, j'étais déjà prêt à assommer quelqu'un – elle ou moi, le moins illégal des deux. Si aller chez le dentiste était comme jouer au Cluedo, la solution serait : Dick Masterson, dans la chambre à coucher, avec le Vicodin.

Les problèmes dentaires ne sont pas un sujet de plaisanterie, on remerciera donc les femmes pour leur incompétence et leur plaisir sadique à faire mal car, grâce à elles, plus personne ne veut aller chez le dentiste. C'est aussi à cause des femmes qu'on ne peut pas mater un porno pendant une dévitalisation. Chez le dentiste, le client n'a *pas* toujours raison.

7. Voiturier

Avez-vous déjà entendu quelqu'un déclarer la chose suivante, après un horrible accident de voiture ?

« Au moins, vous n'avez rien. Cela aurait pu être bien pire. Vous auriez pu être blessé ! »

Ce quelqu'un était une femme. Il n'y a rien de pire que de voir sa voiture détruite et de ne pas avoir la moindre égratignure. On se sent lâche. Les voitures ne sont pas des objets jetables, à balancer à la poubelle comme le dernier cageot en chaleur rencontré dans un bar. Une voiture, c'est quelque chose de viril, conçu avec précision et fabriqué pour son efficacité. Le respect est de rigueur. Si ma bagnole est bousillée, il faut au moins que j'aie un bras ou le cul cassé. Je suis un homme. Jamais, absolument jamais, une femme ne devrait être voiturière. C'est le dernier job que devrait pouvoir exercer une femme. Voici pourquoi :

Le monde moderne est bâti sur l'industrie de service. Je ne sais pas sur quoi l'est le tiers monde : sans doute les égouts. Dans le monde moderne, l'industrie de service vide nos poubelles ; elle remplit nos étagères ; elle achemine la nourriture des fermes vers les usines de l'industrie alimentaire, jusqu'aux bouches de nos enfants. L'industrie de service, c'est une armée d'hommes qui trouvent ce que vous cherchez et vous l'apportent le plus vite possible.

Votre voiture, par exemple.

Les femmes ne devraient être ni médecins, ni pilotes, car lorsqu'elles le sont, des vies sont en danger – oh, environ dix mille, pas plus. Qu'arrive-t-il quand des femmes deviennent voiturières ? Elles veulent ensuite devenir éboueuses et camionneuses. Et quoi encore, après ?

Après, eh bien ce serait une putain de catastrophe qui mettrait fin à notre civilisation. Les poubelles déborderaient partout dans les rues du monde entier, pendant que les femmes préposées au ramassage se recoifferaient. D'immenses forets envahiraient les villes alors que les bûcheronnes ajusteraient leurs collants. Les écoliers n'auraient plus de ce précieux papier nécessaire à leurs études. Le pire de tout serait sans doute que votre voiture toute neuve soit bousillée.

Si les femmes étaient voiturières, plombiers ou réparatrices d'air conditionné, tout ce putain de monde se casserait la gueule.

Ces suppositions pessimistes, cependant, ne se réaliseront jamais. Envisageons une question hypothétique posée à la première femme potentiellement voiturière par son patron potentiel :

Le patron : « Savez-vous *conduire* un levier de changement de vitesse ? »

Aucune femme ne sait conduire un levier de changement de vitesse. Si vous n'êtes pas d'accord, allez vérifier le mot *conduire* dans un dictionnaire, et vous faire foutre. Il y a autre chose, que les femmes ne savent pas – je jure devant Dieu que c'est vrai et que ça m'est vraiment arrivé – : elles ne savent pas que le ticket que vous donne le voiturier est le secret qui leur permet de retrouver votre voiture. Apparemment, il semble que ce soit un putain de mystère, pour les femmes, que le voiturier vous ramène la bonne voiture.

« Les voituriers doivent vraiment avoir une très bonne mémoire », me dit un jour une femme que j'étais sur le point de baiser.

« C'est sûr », ai-je répondu. Les hommes ont également une bonne mémoire : nous nous souvenons qu'il nous faut continuer à faire tourner le monde.

Petits soucis en cuisine

Il faut du dévouement pour être un grand chef, connaître de nombreuses épices et avoir un minimum de sensibilité. Les hommes sont tellement dévoués et sensibles que pour eux, c'est une évidence. Les femmes ne possèdent rien de tout ça. Savoir que la cannelle est bonne avec un frappuccino ou n'importe quel café trop sucré qui *vous* coûtera 3,95 $ n'a rien à voir avec la connaissance des épices.

Les femmes donnent des « chefs » du genre de Martha Stewart : des condamnées qui balancent des paillettes sur des pommes de pin (*NdT* : M. Stewart, la spécialiste ultra-médiatisée des petits gâteaux décorés outre-Atlantique, l'a été pour des problèmes financiers).

Lorsqu'un homme est chef, il planifie puis met en pratique, avec style. Le style masculin, c'est être aussi efficace et rapide qu'une putain de comète. C'est la raison pour laquelle tout ce qu'un homme crée en cuisine débouche exactement sur ce qu'il avait prévu. Lorsqu'une femme est chef, elle se comporte comme toutes les femmes, qu'importent les circonstances : elle s'agite sans raison comme une marionnette bourrée, la tête à Cabo San Lucas, et sans la moindre idée de ce que ça va donner. Les femmes sont d'atroces chefs car elles ricochent sur leurs propres drames comme des boules de flipper, ne sachant jamais vers où elles vont et n'en ayant pas grand-chose à foutre. Elles sont comme des boules de bowling bancales sur un terrain de golf.

On notera également que le titre de « chef » ne peut être abâtardi et transposé au féminin. Les policiers peuvent être des policières, mais une femme ne sera jamais « chefesse ». C'est également valable pour les juges.

Les infirmières sont répugnantes

Dans les années 50, les femmes fermaient leur gueule. C'est sans doute pour ça qu'il y avait beaucoup moins d'homosexualité qu'aujourd'hui.

Comme elle ne se sentait pas obligée de bavasser tout le temps, la femme des années 50 pouvait se concentrer sur quatre activités qu'elle faisait au moins à moitié correctement, au lieu d'exercer des jobs inutiles. Elle faisait la cuisine, le ménage, servait à boire et s'occupait des enfants.

La femme d'aujourd'hui est différente. D'abord, elle est plus grosse. Ensuite, elle ne la ferme jamais, ne sait pas cuisiner, est totalement bordélique et, pire que tout, c'est une infirmière de merde.

Les hommes ont cette petite chose qui s'appelle la classe, qui leur permet d'avancer. Les militaires, ou les pilotes, portent de beaux uniformes. C'est la classe. Nous autres, les hommes, endossons la responsabilité de nos actions autant que de notre apparence, et nous savons que nous serons jugés sur les deux.

Les femmes n'assument aucune responsabilité concernant leur look ou leur comportement. Tentez de repérer les prostituées dans la rue principale de n'importe quelle ville du monde, vous en aurez la preuve. Vous vous tromperez 99 fois sur 99.

Et les médecins hommes ? Si eux n'ont pas la classe, une putain de classe ! Les infirmières, par contre, se comportent comme des pom-pom girls de lycée. Elles ont la diarrhée verbale et la tête pleine de mecs et de sciure.

L'autre jour, j'allais m'acheter des lacets. J'aime enfiler mes chaussures comme je commence mes journées : comme si je démarrais une putain de tronçonneuse. Ça explique qu'il m'a déjà fallu quatre paires de lacets pour une seule paire de chaussures. Je faisais donc mes courses, quand je suis tombé sur un troupeau d'infirmières qui déambulait dans la galerie marchande.

Comment j'ai compris qu'elles étaient infirmières ? Pas parce qu'elles affichaient leur petit pouvoir sur celui qui s'est cassé un bras, ou sur les enfants atteints de coqueluche, non. Je l'ai compris parce qu'elles portaient encore leur putain de tenue de travail.

Les infirmières gardent leur blouse couverte de sang quand elles vont au supermarché.

Où est la classe, là-dedans ? Si dans *Sesame Street*, il y avait un Muppet qui expliquait les maladies vénériennes aux enfants, les infirmières auraient moins de classe que lui.

Y a-t-il quelque chose de plus grossier, indélicat et égoïste qu'une infirmière qui porte ses vieilles fringues sales dans un espace public ? Et ceux qui, parmi nous, sont encore sous le choc de la perte d'un proche ? Ce sont des choses qui arrivent dans les hôpitaux, et Dieu me préserve de me retrouver assis là-bas, à m'étouffer avec un churro mexicain, si l'on devait m'apprendre une telle nouvelle pendant qu'une bande d'infirmières discute de *Grey's Anatomy*. Il peut aussi y avoir de l'urine, sur leurs blouses. Ça ne les empêchera pas de rester assises près des rayons de nourriture avec leurs fringues puant la pisse. Répugnant.

Comme d'habitude, et en toutes occasions, la femme arbore tout ce qu'elle fait comme une médaille du mérite, même quand ça n'a pas grande valeur. Il lui est impossible de faire preuve de subtilité. Il lui faut ramer toute la journée pour finalement lâcher, maladroitement, quelque chose d'imbécile sur elle-même dans une conversation – en particulier si elle vient de vous rencontrer. Dans ce cas, ce sera encore pire : elle donnera son opinion sur Dieu, par exemple. Mais bordel, qui croient-elles abuser ? Si les femmes ramassaient les ordures, elles entreraient au Starbucks avec les sacs.

Et la voilà juge...

Saviez-vous qu'au siècle dernier, il y eut carrément deux femmes à la tête de la Cour suprême des États-Unis ?

Je suis toujours prêt à rire d'une bonne blague, et tout le monde sait que Ronald Reagan était un sacré farceur, mais *deux* ?!

S'il y a une chose que les femmes ne peuvent ni comprendre, ni apprécier, c'est bien un acte de charité effectué deux fois. Les femmes sont comme Las Vegas. On peut en repartir avec une putain de somme une fois, mais le coup suivant, quand vous ressortirez du casino, vous aurez pris un grand coup de pied dans les couilles. C'est pour ça qu'on n'offre pas de fleurs à une femme mariée. Si la première fois qu'on lui en offrait, elle savait apprécier, son appartement ressemblerait rapidement à la boutique d'un fleuriste.

Si vous connaissez mal le système judiciaire américain, la Cour suprême est composée de neuf à douze personnes qui établissent la limite entre le bien et le mal. Elles vous disent ce que vous pouvez faire, ce que vous ne pouvez pas, et si vous êtes trop insistant dans le deuxième cas, on vous nique. Si les tribunaux étaient classés comme les problèmes contractuels liés à la construction des routes, la Cour suprême serait au niveau d'une autoroute effondrée située sur un volcan. Veut-on vraiment qu'une femme se retrouve là-haut, à tout décider, quand on est suspendu au-dessus d'un volcan, une riveteuse à la main et des millions de tonnes de lave en fusion sous le cul ?

Une chose est certaine, les femmes sont très fortes pour dire ce qu'il ne faut pas faire. Leur pessimisme les fait penser que tout ce que les hommes font est mauvais. Le jugement n'a rien à voir là-dedans. Les femmes choisissent une et une seule idéologie pour leur vie tout entière. Elles décident de tout ce qu'elles vont penser à l'âge de treize ans, puis s'accrochent à ce mantra comme à une bouée à moitié crevée. D'immenses vagues de faits et d'informations leur tombent sur la tête, mais leur bouée leur permet de ne pas couler.

Un juge ne doit pas avoir peur de remettre les choses en questions, s'il considère que déranger l'establishment peut l'aider à mieux faire son travail. Un juge observe les faits, et dit : « Écoutez, espèce de salaud, est-ce que ça donne envie à qui que ce soit de baiser ? »

C'est ce qu'on appelle la jurisprudence.

Elles ne seront jamais maquereaux à notre place

Si la prostitution est bien le plus vieux métier du monde, les macs viennent juste après.

Posez la question à n'importe quelle prostituée : elle vous dira que les maquereaux sont essentiels à leur commerce.

Sans mac, les prostituées courent des risques, comme celui d'oublier de prendre leur pilule, ou se faire agresser. Ce n'est pas tous les jours facile, pour les macs : aucune prostituée n'a jamais gagné aucun Oscar pour la meilleure musique.

Les hommes ont inventé le proxénétisme pour mettre de l'ordre dans le bordel que les femmes avaient laissé derrière elle, avec leur premier choix de carrière : elles faisaient le tapin comme si la Terre était le plus grand plateau de tournage porno de l'univers.

La seule et unique femme mac à avoir réussi, Heidi Fleiss, était tellement incompétente que non seulement elle a terminé en prison, mais elle a failli entacher la réputation du plus grand acteur du vingtième siècle : Charlie Sheen. Si c'est ça, le sens de la discrétion ! C'est d'ailleurs la deuxième qualité que doit posséder un mac. C'est la raison pour laquelle ils sont toujours aussi élégamment habillés. Il n'y a aucune raison de surveiller la clientèle, si l'on peut admirer une canne montée d'un singe doré.

D'ailleurs, lorsque j'écris que Heidi Fleiss a « réussi », j'entends la seule façon dont les femmes peuvent « réussir », à savoir coucher pour y arriver, et échapper ainsi à la tornade de leur propre incompétence – aussi longtemps que c'est possible pour une femme. À l'arrivée, une femme réussit si elle bat le record du « plus grand nombre d'années sans faire de connerie ». C'est deux ans, je crois, et c'est sans doute Eleanor Roosevelt qui le détient. En fait, je n'en sais rien, et je m'en fous.

Un bon maquereau a le sens des affaires, du charisme, de la compassion et une certaine nonchalance dans l'élégance. Une femme n'aura jamais aucune de ces qualités.

Observons les faits :

Un mac ne peut pas prendre de congé maternité.

Un mac ne peut pas se permettre de s'habiller n'importe comment pour aller travailler.

Un mac ne peut pas se mettre à pleurer pendant que des gens travaillent autour de lui.

Le proxénétisme existe depuis que la première femme a vu le premier homme construire un abri, faire à manger et inventer les légumes, et qu'elle s'est dit : « Tout ça m'emmerde, je ne sais pas le faire. Je ferais mieux d'apprendre à baiser. » Et elle ne l'a jamais fait.

Le tour est joué ! Les femmes sont des magiciennes de merde

Il n'y a jamais eu de bonne magicienne.

Les femmes ont leur importance dans la magie, mais pour la même raison que lorsqu'elles sont secrétaires : parce qu'elles portent des mini-jupes.

Les hommes sont meilleurs que les femmes pour faire le show, mais cela n'explique pas pourquoi il n'y a jamais eu de bonne magicienne. Pourquoi Oprah Winfrey n'est-elle pas capable de sortir un tour ou deux de son gros cul, une fois de temps en temps ? Et Ellen DeGeneres ? Faire en sorte qu'Anne Heche redevienne hétéro était un tour plutôt réussi ; pourquoi alors ne peut-elle pas être une bonne magicienne ? (*NdT* : ce sont trois présentatrices et productrices vedettes de la télévision américaine. Les deux dernières sont lesbiennes, ce qui n'a bien sûr pas échappé à Dick Masterson).

Les femmes sont de mauvaises magiciennes parce qu'elles croient en la magie. Elles y croient du plus profond d'elles-mêmes.

Faites passer une pièce de 25 cents à travers une table : les femmes y croient vraiment. En plus, ça leur fait très peur. Si un mec peut vous obliger à choisir un deux de pique deux fois à la suite, ce putain de pouvoir n'a plus de limite !

Heureusement, je suis un homme, et les hommes ne se font avoir par aucune de ces conneries. C'est pour les femmes. Elles sont prêtes à croire à absolument n'importe quoi – par exemple qu'un homme qui dit « je t'aime » le pense quoi qu'il arrive, ou que transformer une orange en montre alors que quelques minutes avant, cette dernière était cassée et placée dans un petit sac en velours, est un putain de miracle.

Non. C'est bidon.

Les hommes fournissent les conneries, mais ils n'en font pas usage, c'est aussi simple que ça. On en vend des tonnes, comme la magie, en disant aux enfants qu'ils font quelque chose de bien quand n'importe quel imbécile peut voir qu'ils se plantent sur toute la ligne. On vend, mais on n'achète pas. On ne se balade pas comme des niais avec notre journal intime à la main, toujours prêts à noter une autre merde qu'on n'a pas vue venir à des kilomètres.

Erreur de pilotage

On a tous entendu parler de ces gens qui, au tout dernier moment, décident de ne pas embarquer et juste après l'avion explose et tout le monde meurt d'une façon spectaculaire. Tout le monde sauf ceux qui ne sont pas montés.

Eh bien récemment, cela m'est arrivé. J'allais monter à bord d'un avion à destination de Londres et, à côté de moi, je remarque une femme dans un élégant costume bleu. Je lui demande pourquoi elle porte cet habit.

« C'est moi le pilote. »

J'ai pris le vol suivant.

Je ne sais pas si cet avion s'est crashé, et je m'en fous. Je ne me sentirais pas bête si je ne saute pas d'un pont d'autoroute parce qu'un camion chargé de matelas passe en dessous juste à ce moment-là, me permettant d'atterrir dessus. C'est toujours une mauvaise idée de sauter d'un pont d'autoroute. Tout comme d'embarquer à bord d'une charrette ailée si *une femme* est aux commandes. Ce n'est pas parce qu'elle a eu la chance de réussir dix fois de suite que ça devient une bonne idée.

Savoir piloter nécessite une putain de série de connaissances inaccessibles aux femmes. Elles ne savent déchiffrer ni les écrans, ni les cartes, sont incapables de comprendre comment fonctionnent les ailes si cela n'a pas un lien avec leur culotte, et elles sont définitivement incapables de manier le manche (un peu d'humour subtil ne fait jamais de mal).

Cependant, la raison majeure pour laquelle il n'y a pas de femmes pilotes, c'est leur crainte de la grandeur.

Un vieux dicton imbécile dit : « Derrière chaque grand homme, il y a une femme. » C'est vrai, mais cette femme se planque derrière l'homme, morte de trouille en entendant les tonnerres d'applaudissements et l'admiration dont le grand homme est l'objet, comme un chien tremblant de peur derrière le canapé pendant qu'on passe l'aspirateur.

C'est la peur du succès qui explique pourquoi les femmes bandent autant pour le travail en équipe ; c'est aussi pour ça que personne n'en a rien à branler lorsque, chaque année, une femme est récompensée lors de la cérémonie officielle distinguant une action originale due à une femme. Bordel, mais qu'est-ce qu'une femme a déjà accompli, depuis toujours, sans même parler de chaque nouvelle année ?

Oui, ce serait d'une négligence criminelle de confier les commandes d'un avion à une femme. La véritable raison qui fait que les femmes pilotes n'existent pas, c'est qu'aucune d'elles n'a jamais levé les yeux vers ce ciel si grand, si bleu, en se disant : « J'aimerais tant être là-haut. J'aimerais tant avoir *de la valeur*. »

Les femmes ne sont que la somme de leurs pulsions, imprévisibles au présent, et abstraites pour l'Histoire. Si vous envisagez d'embarquer à bord d'un avion piloté par une femme, souvenez-vous de ces deux mots : Amelia Earhart. Vous saurez quoi faire. (*NdT* : Amelia Earhart fut la première femme à traverser l'océan Atlantique seule, en avion, en 1932. En 1937, elle entreprit un tour du monde sur un bimoteur. Elle disparut et ne fut jamais retrouvée…)

Les femmes sont des musiciennes de merde

Il m'arrive parfois d'entendre des lycéennes qui se demandent : « Si les hommes et les femmes sont censés être égaux, alors pourquoi sommes-nous des musiciennes de merde ? »

Je rigole. Je n'ai jamais entendu aucune femme, à quelque niveau de baby-sitting que ce soit, poser une question aussi honnête. Je suis en désaccord avec la question elle-même, d'ailleurs. En tant qu'homme, je peux ne pas être d'accord avec certaines questions et autres fausses affirmations, même si les femmes pensent que la fermer leur donne *carte blanche* pour se comporter d'une manière atroce.

Les femmes sont des musiciennes merdeuses au même titre que McDonald fait des pizzas merdeuses. Mais de quoi vous parlez, là, putain ?

Pensez aux grands compositeurs de l'Histoire. C'est facile. On a notre Mozart, notre Beethoven, notre Bach, mais *quid* de ceux qui ne sont pas *si* importants ? Il serait facile d'aller faire une recherche sur Internet – et si vous étiez une femme, vous pourriez convaincre un homme de le faire, puis discuter des résultats trouvés comme si vous les connaissiez déjà tous, ce qui est un comportement minable typiquement féminin. Ce que vous découvrirez dans les annales de la musique, c'est une réunion spécial mecs, et plein ! La musique et les femmes sont des ennemis naturels, exactement comme les femmes et la bière. Les femmes détestent les gens qui savent s'amuser, il leur faut toujours tout contrôler. En musique, elles s'entraînent beaucoup trop pour pouvoir être vraiment bonnes. S'entraîner, c'est vraiment un truc stupide de gonzesse. Cela revient à se pavaner en touche pendant que ceux qui jouent vraiment sont sur le terrain.

Une bonne question cependant : si la femme était vraiment l'égale de l'homme – et on en est loin –, pourquoi n'y a-t-il jamais eu d'équivalent féminin de Mozart ? Pourquoi aucune petite fille n'a quitté les genoux de son papa pour aller composer un chef-d'œuvre incontournable ?

Comédiens et féminisme

J'ai une idée géniale pour faire un film catastrophe hollywoodien. Pas un film catastrophe avec des tornades radioactives, un film catastrophe parce que ce sera un échec terrible au box-office. Un désastre qui mettra fin à des carrières. Un film qui ne rapportera pas un seul dollar et ne touchera personne. Un échec si retentissant que l'argent coulera littéralement des banques comme des larmes.

Vous êtes prêts ? Voici l'idée : prendre une actrice dans le rôle principal.

Comme la première fois où l'on a laissé entrer une femme dans une navette spatiale, tout film qui permettrait à une femme d'obtenir le premier rôle sera une putain de gigantesque catastrophe.

Jusqu'à aujourd'hui, les films qui ont rapporté le plus d'argent sont :

1 : *Titanic* – premier rôle : un homme.
2 : *Star Wars* – premier rôle : un homme.
3 : *Shrek 2* – premier rôle : un ogre mâle.
4 : *E.T.* – premier rôle : un alien mâle.

Cette liste continue, je m'arrêterai donc là, le but de ce livre n'étant pas de pédaler dans le vide. Il s'agit au contraire d'aller droit au but. Comme sait le faire un homme.

Dans aucun des 100 films qui ont le mieux marché, il n'y a une femme dans le rôle principal. Le seul film dans lequel une femme pourrait avoir de l'importance est *Ce que veulent les femmes*, avec Mel Gibson ; je dis bien « pourrait », parce que je ne l'ai pas vu et rien au monde ne m'y obligera. *Blanche-Neige* parle de nains, *Le Mariage de mon gros con de meilleur ami* dure deux heures de trop, et si vous considérez que *Autant en emporte le vent* a quelque chose à voir avec cette pute arrogante de Scarlett, alors franchement, mes chéris, ça ne me fait ni chaud ni froid.

Jouer la comédie nécessite une conscience de toute la gamme des émotions, quand les seules qu'une femme connaît sont la cupidité et la jalousie. Les femmes ne savent pas jouer, pas danser et ne sont pas drôles. Elles ont autant leur place dans l'espace public qu'un âne dans un concours de beauté, ce qui ne les empêche pas de déambuler lourdement, leur écharpe serrée entre les dents, en braillant pour se faire une place sous les projecteurs. Les femmes sont prêtes à tout pour qu'on les remarque, en bien, en mal, voire en très mal ; cela leur est égal. Elles veulent tellement qu'on fasse attention à elles que si la prostitution était légale, elle serait également gratuite. Pourquoi, alors, les femmes n'ont-elles à ce point rien à foutre des films qui racontent des histoires de femmes ? C'est parce qu'un personnage principal féminin, qui s'accroche à tout ce qui passe devant elle comme une sangsue, détruit tout ce qu'elle touche comme un anti-Midas, et ne possède strictement aucune qualité capable de racheter ses défauts, ça donne un film de merde. Le simple fait d'avoir décrit un personnage féminin a fichu en l'air ce paragraphe. Imaginez si ça avait duré deux heures et demie.

C'est *ça* que j'appelle un film catastrophe.

Une femme président ? Putain, hors de question

Comme n'importe qui d'autre, je déteste la politique – ce qui veut dire que j'y accorde encore plus d'importance qu'au fait de pouvoir respirer ou de me servir de mes yeux pour voir.

Les hommes préfèrent la discussion politique à tout le reste. S'ils ont le choix, ils parleront politique plutôt que de baiser. Nous sommes aussi formidables que ça. Nous pensons toujours à l'intérêt général et non, comme les femmes, égoïstement à nous-mêmes. On notera aussi qu'après une discussion politique, pas besoin de tout nettoyer.

La politique coule dans les veines des hommes, tout comme nous seuls savons comment saouler un animal, ou être en permanence vigilant pour être le plus efficace possible. La politique est une quête. Mais pour atteindre quoi ? La zen attitude, uniquement masculine – et si vous étiez une femme, vous resteriez sur le cul. En tant qu'homme, cependant, c'est une notion qui vous va aussi bien qu'un caleçon hors de prix.

Représentons-nous une terre mythique qui symboliserait uniquement tout ce qu'il y a de plus viril. Je pense à Valhalla (*NdT* : planète fictive d'un jeu vidéo), mais l'Allemagne est un autre bon exemple. À perte de vue, des bancs pour pique-niques en chêne, aussi épais que des parpaings. On pourrait y trinquer avec des chopes de bière aussi lourdes que des pare-brise d'avion, et se laisser aller à trop boire juste pour le putain de plaisir. Là-bas, si vous dites une connerie, on vous fout un poing sur la gueule. Définitivement viril.

Dans un tel lieu, tout le monde se fout de savoir comment s'est passée votre journée, ou s'il vous faut reprocher à vos parents d'avoir parfois merdé dans leur vie – même les trucs que ces mêmes parents vous ont dit de ne surtout pas faire. C'est de la politique, tout le temps. Vous ne pourrez strictement rien contre le désir de politique des hommes, pas plus que vous ne pourrez balancer une benne à ordures au milieu de la chaussée à mains nues. Elles sont cent fois plus lourdes qu'elles n'en ont l'air.

Jamais, même dans un million d'années, une femme ne sera présidente des États-Unis, ni d'où que ce soit. Vous pouvez faire tous les pronostics ou les sondages que vous voulez, le seul indicateur qu'il faut suivre est celui qui fait de vous un homme : votre pénis.

Quel homme a le temps d'en perdre à répondre à des sondages débiles, sur qui il va voter à la présidentielle ? Il l'est déjà, président, et ça l'occupe bien suffisamment. Les femmes pensent sans doute qu'elles sont en train de voter quand elles répondent à ces questions idiotes. Notez maintenant comment j'explose la baudruche des conneries médiatiques branchées.

Aucune femme ne sera jamais présidente car :
1 : Aucune femme n'est un homme.
2 : Voir règle 1.

Une bonne chose de faite.

Les femmes comprennent aussi bien la politique qu'un tournevis qui voudrait traverser la rue. Certes, vous pouvez toujours amener le tournevis dans un magasin et lui acheter un cookie, mais à l'arrivée il n'aura pas la moindre putain d'idée de ce qui se passe. Si un jour une femme est élue présidente, je mange ce livre.

CHAPITRE 2

LE DON DE NE JAMAIS PAYER LES FACTURES

J'étais sur le point d'appeler ce livre *Le Guide de vie de Dick Masterson*, puis j'ai réalisé qu'il serait beaucoup trop court :

Le Guide de vie de Dick Masterson
1 : Fermez-la.
2 : Faites votre boulot.

C'est pour ça que les femmes sont des échecs ambulants. La première étape, la fermer, est un obstacle infranchissable pour leur cerveau surchargé. Même si leur matière grise n'était pas encrassée par les poupées et les comms laissés sur leur page Facebook, les femmes ne pourraient pas plus fermer leur gueule. Elles largueraient leur boulot et ingurgiteraient des antidépresseurs jusqu'à l'Apocalypse, qu'elles n'auraient toujours pas assez de temps pour parler de leurs labradors.

L'étape deux, faire le boulot, nécessite d'en avoir un, et qui dit boulot dit CV, ce qu'aucune femme au monde n'est foutue de rédiger.

Si la femme doit se présenter sans parler de sacs à main, ou de scotch double face, c'est foutu. Les hommes sont comme des caméléons, quand il s'agit de se présenter. Prenez James Bond, déposez-le dans une ferme au beau milieu de l'Iowa, et moins d'une seconde plus tard, il sera aussi bien intégré que le dentifrice dans les trous des murs de mon premier appartement.

Un CV n'est pas compatible avec le monstre faible et vindicatif qu'est l'ego féminin. Pourquoi une femme ferait-elle un CV ? Tout ce que l'on doit savoir sur elle, si on veut l'embaucher, n'est-il pas gravé sur son âme tout entière ?

Aucune femme n'a jamais rédigé son propre CV. C'est toujours un homme qui s'en est occupé. Allez voir une femme et posez-lui la question. Je peux vous promettre que vous obtiendrez la putain de réponse suivante : « Eh bien, mon petit ami / père m'a rédigé mon premier CV, mais ce n'était que mon premier ! »

Un CV n'est pas un objet de mode, ni l'un de ces pays où des femmes célèbres vont voler des bébés. Il ne change pas, du tout au tout, d'une année à l'autre. Un CV ressemble plutôt à la liste des doléances imaginaires que les femmes mariées trimballent en permanence dans leur tête. Elles se font rédiger le premier très jeunes, puis y ajoutent une nouvelle connerie chaque année :

1995 – N'aime pas que je sois devenue une femme avec des formes.

1997 – A vénéré le livre que j'ai acheté sur la guérison par la parapsychologie.

1997 – S'est moqué de moi pour ne pas connaître le sens de « vénérer ».

2002 – N'a pas relevé mes allusions au fait que je voulais plus de bijoux.

Vous pouvez être la meilleure pour raconter n'importe quoi, mais vous ne pourrez pas écrire « Ai été payée à rien foutre », et vous retrouver sur le même plan que des employeurs qui se mettent en quatre pour leurs stock-options.

L'écart salarial entre hommes et femmes est peut-être dû au fait que chaque CV de femme ressemble à ça :

Nom de la femme
Recherche : un travail.
Objectif : garder ce travail en en faisant le moins possible.
Compétences : incapable de rédiger un putain de CV.

J'allais écrire que c'est le CV le plus stupide que j'ai jamais vu, mais au même moment j'ai réalisé que les femmes pouvaient faire encore pire. Elles sont capables d'ajouter des pastilles décoratives brillantes, ou de l'imprimer sur du papier Hello Kitty.

J'entends l'écart des salaires se creuser comme des fissures sur la croûte terrestre...

Un outil indispensable

Le seul outil dont les hommes ont besoin pour réaliser ce qu'ils veulent, ils l'ont déjà. Ils l'ont depuis la naissance, et c'est également la source de leurs pulsions les plus viriles. C'est un outil qui sert à beaucoup de choses, que les femmes ne possèdent pas et ne cessent d'envier. Il est à l'origine des plus grandes réalisations connues de notre espèce. Il transcende les générations et aura toujours un impact sur la philosophie, la musique et la littérature. Cet outil est également particulièrement énorme.

Cet outil extraordinaire sert de cerveau à l'homme. Je parie que vous pensez que je parle du pénis.

En effet.

Les reines de l'obstruction

Discuter avec une femme, c'est comme déambuler dans une galerie de miroirs déformants.

C'est amusant un moment, et ce n'est pas cher. C'est l'occasion de se découvrir sous des angles intéressants et nouveaux, voire de réfléchir et mûrir sur le plan émotionnel. Les hommes adorent mûrir. Il y a des jours, putain, où je mûris plus pendant mon caca du matin qu'aucune femme pendant toute une vie. Quand on est face au miroir, c'est à l'homme qui s'y réfléchit que l'on s'adresse, et ça peut être l'occasion de lui demander de modifier certains de ses comportements.

Et puis cela devient rapidement chiant et déstabilisant, car presque rien de tout ça n'a le moindre sens, et il vous faut faire marche arrière pour atteindre un but que vous pensiez avoir repéré dix minutes avant. Vous avez aussi sans doute besoin d'aller aux toilettes, mais vous êtes niqué : il n'y a pas de sortie.

Une femme considère qu'elle est perdante dans une discussion quand elle n'a pas eu le dernier mot.

C'est une mentalité idiote et arriérée car au bout du compte, personne n'apprend rien sur personne – mais c'est celle des femmes. Vous imaginez pouvoir être constructif lors d'un débat avec une femme sur la politique ou le commerce ? Pensez-y à deux fois. Vous venez de vous exprimer, ce qui signifie qu'elle est sur le point de perdre. Enfilez vos gants, les mecs, parce qu'un autre round vous attend. Si vous croyez que je parle de gants de boxe, vous faites une grave erreur. Il ne s'agit pas d'une confrontation de mots, lorsque l'on discute avec une femme : vous pataugerez sous un torrent de diarrhée verbale. Enfilez plutôt vos gants ramasse-merde.

L'idée qu'un homme se fait d'une argumentation se déroule en trois points :

1 : Identifier le problème.
2 : Faire des recherches et rassembler des informations sur le sujet en question (et pas sur un autre).
3 : Aboutir à une solution.

Les femmes sont les reines de l'obstruction. Leurs arguments sont :

1 : Faire perdre le plus de temps possible.
2 : N'aller nulle part.

Les femmes ont la même considération pour le temps, qu'une usine de traitement des déchets pour la grande cuisine : on broie, on jette. Comment pourraient-elles comprendre la notion de temps perdu alors qu'elles n'en ont rien à foutre ?

Les femmes sont nulles en orthographe

Saviez-vous que les femmes épellent d'une façon atroce ? Pour le prouver, j'ai établi une petite liste de mots que les femmes, depuis toujours, épellent d'une manière épouvantable.

La liste des mots que les femmes ne savent pas épeler. Par Dick.

Chevrolet
lingots
ébauches
sandwich
ruban adhésif
haricots
trophée

Si vous voulez tester – et vous marrer un bon coup, en entendant toutes les lettres absurdes que les femmes proposent désespérément –, préparez-vous au combat. Alors que les hommes feront face à l'adversité tels de nouveaux entraîneurs de basket dans un lycée pourri de banlieue, les femmes abandonneront au bout de quelques secondes.

Quand vous demandez à une femme d'agir dans un domaine où elle est particulièrement nulle – conduire, faire l'amour la lumière allumée, n'importe quoi du moment qu'elle n'a pas à vomir sur ses meilleures amies –, elle déléguera immédiatement le boulot à l'homme le plus proche. Dans cette liste, il y a l'orthographe, mais également la question qu'on peut lui poser sur le Dakota du Nord et celui du Sud : s'agit-il de deux parties d'un même grand État, ou de deux États distincts ? Même ça, les femmes ne le savent pas.

Notre nature masculine nous pousse à la générosité, en toutes circonstances, dans un esprit constructif et positif, car nous avons conscience de nos immenses connaissances dans de très nombreux domaines ; c'est la raison pour laquelle nous sommes toujours prêts à aider. Lorsqu'un homme aperçoit une damoiselle en détresse, il bondit et défonce la gueule de l'assaillant. Il arrive que ce soit un agresseur, ou un dragon, mais c'est parfois aussi un mot mal épelé. J'ai demandé à un groupe de dix femmes d'épeler les mots « fond de teint ». Je les ai choisis car j'avais entendu dans un épisode des *Experts* que ça avait quelque chose à voir avec le maquillage. Je supposais que cette familiarité lexicale donnerait aux femmes le handicap nécessaire, dont elles ont désespérément besoin dans tout ce qu'elles font.

Les résultats prouvèrent que non seulement les femmes ne connaissent rien à l'orthographe, mais également qu'elles refusent d'accomplir toute tâche qui va au-delà de leurs compétences ; elles en profitèrent aussi pour me traiter de connard.

Pour une femme, l'alphabet et ses subtilités sont aussi mystérieux qu'un diable à ressort pour un enfant.

Les femmes ne savent pas épeler « échec ». Elles le vivent, mais ne savent pas l'épeler.

Les femmes sont nulles en informatique

Il y a des ordinateurs partout : dans les banques, les laboratoires de science, les lieux de travail. Partout où les femmes ne sont pas.

Pour les femmes, un ordinateur est comme un homme fou de joie parce que son meilleur pote s'est fait larguer, et a besoin de soutien psychologique de la part de ses amis. Cela ne veut rien dire, pour nous. C'est pourtant comme ça que les femmes conçoivent les ordinateurs.

Elles ne comprennent rien à l'informatique car elles ne font pas le lien entre la cause et l'effet : une chose en implique une autre. C'est d'une simplicité enfantine, je sais bien, mais beaucoup trop compliqué pour une femme. Alors les femmes foutent toujours tout en l'air, imperturbablement, en refaisant toujours les mêmes erreurs, comme si un miracle allait finir par arriver. C'est aussi pour ça qu'elles sont si grosses. Elles pensent qu'elles vont finir par tomber sur un glucide magique qui les transformera en mannequin, comme Heidi Klum.

Pas plus tard qu'hier, j'ai pu observer cette incompréhension de la cause à effet, alors que j'attendais une carte ATM. Pour des raisons obscures, on en avait donné une à une femme, qu'elle s'est empressée de perdre. Elle commença à frapper comme une dingue sur des boutons, telle une sténodactylo enragée, espérant que se passe quelque chose d'inattendu.

Vous ne devinerez jamais... rien n'arriva.

Quand un homme lâche une pierre, il sait qu'elle va tomber. Les femmes pensent que si elles répètent l'opération suffisamment de fois, la pierre finira par se transformer en barre Snickers.

Donner de la confiture à des cochons… les femmes sont irresponsables

La politesse et le respect des autres sont les deux raisons pour lesquelles les hommes ne demandent pas leur chemin.

Indiquer une direction à quelqu'un est franchement un truc chiant. C'est presque aussi pénible qu'« aider un copain à déménager » ou que de « commander un porno en secret ». Non seulement il faut réfléchir à plein de directions à la con, mais après il faut aussi se souvenir de ce qu'on avait en tête avant qu'un crétin impoli vous ait demandé son chemin. Les femmes ne savent rien de ce calvaire, car personne au monde ne leur a jamais demandé une direction. Quel intérêt ? Ce serait comme donner un coup de poing dans l'estomac du voiturier au moment de lui remettre les clefs. J'espère que vous aimez la merde sur votre siège arrière.

Cela dit, une femme qui demande son chemin à une autre ferait une hilarante séquence dans un talk show de deuxième partie de soirée. Le genre de passage où tout le monde est mort de rire, tellement c'est bizarre et absurde d'entendre des gens qui n'ont pas la moindre putain d'idée de ce dont ils parlent.

Un homme n'aime pas en déranger un autre en lui demandant de l'aider à déménager toutes ses merdes d'un appartement à un autre. Les femmes n'ont pas la moindre idée de ce que c'est, car pour elles déménager c'est enfiler une casquette de baseball le temps d'une journée.

Quand une femme considère qu'elle fait un geste attentionné et gentil, en réalité elle l'a déjà décidé avant, et devient folle furieuse si on ne la remercie pas comme un héros national.

Les parpaings sont au confort ce que les femmes sont à l'intelligence

Savez-vous pourquoi les femmes ne trouvent pas les Three Stooges drôles ? Parce que *les femmes* ne sont pas drôles. Il n'y a rien de plus hilarant que les Three Stooges.

Pour une femme, quelque chose de « drôle » n'a pas la même valeur que pour un homme. Ce n'est pas, pour elle, un moyen de se détendre ou de décompresser. Quel genre de décompression pourrait concerner une femme ? Elles ne travaillent pas, et quand c'est le cas, elles n'ont aucune responsabilité, alors quoi, bordel ?

Pour une femme, être « drôle » c'est sortir un truc banal, puis se mettre à rire comme une baleine. En général, ce que les femmes disent entre elles pour rigoler ne contient même pas de blague. C'est juste grossier et bidon. La comédie féminine est comme la comédie tofu. Ça ressemble à de la comédie, mais c'est en fait un genre de pâte au soja... Bon, je ne sais pas ce que c'est que le tofu. Je suis un homme.

Les hommes, par contre, sont de véritables machines à faire rire, toujours prêts à proposer mille choses drôles si nécessaire. Observez bien, je vais vous le prouver dès maintenant en pensant à quelque chose de drôle qui va apparaître juste au-dessus de ma tête. Je n'ai aucun effort à faire, j'y pense déjà par anticipation. En fait, je parie que nous tous, les hommes, sommes en ce moment même en train de penser à quelque chose d'aussi impertinent qu'hilarant. D'accord, je vais vous raconter un truc drôle.

Imaginez une poule couchée sur son nid, sur une pelouse. On la voit d'assez près. Puis elle se lève et regarde les œufs qu'elle couve. Tout va bien. Puis, d'un coup, un footballeur arrive en courant et shoote la poule dans l'un des poteaux des buts.

Ça, c'est à mourir de rire. Et n'importe quel homme est capable de sortir, à la demande, quelque chose d'au moins aussi drôle.

L'une des raisons pour lesquelles les femmes ne sont pas drôles, c'est qu'elles ne sont pas marrantes. Pour une femme, se marrer et être contente correspond, chez un homme, à se recevoir un coup pied entre les jambes – ce qui est très marrant aussi. Elles ne sont pas drôles car elles sont infoutues d'écouter. Impossible de faire des progrès en vannes si on n'est pas capable de voir que personne ne rit. Les femmes peuvent aussi devenir très dures entre elles si l'une essaye de faire une blague. C'est ce que j'appelle la Femelle Albatros de l'Échec (*NdT* : il arrive souvent que deux femelles albatros « s'unissent », parfois des années de suite, pour couver les œufs puis élever les petits quand il n'y a plus assez de mâles).

Quand les hommes ne sont pas occupés à faire tourner le monde, ils s'asseyent et s'entraînent à être le plus drôle possible. Les femmes, quant à elles, s'asseyent et se font des compliments hypocrites.

Les gros mots font pleurer les petites fées en sucre

Je ne compte même plus le nombre de fois où je me suis fait rabrouer par une vieille prof frustrée, qui aurait mieux fait de s'occuper de ses putains d'affaires, pour avoir balancé quelques mots osés dans une conversation. Qu'est-ce que ça peut lui foutre ?

En tant qu'homme, j'utilise les mots injurieux qui « mettent en valeur » ma phrase, avec une grande parcimonie, et toujours avec bon goût. Je suis comme un chef cuisinier qui ferait danser les mots, avec une réserve sans fin de petits lardons bien épicés, toujours prêt, tel le ninja, à en garnir mes phrases et vous en balancer à la figure. Bordel !

Mais cela ne suffit pas, pour les femmes, car c'est parfaitement raisonnable, et pas assez clinquant ou hors de prix. Ça ne les intéresse pas.

Les femmes prétendent que jurer est grossier et déplacé. C'est la chose la plus stupide que j'ai jamais entendue dans toute l'histoire des choses stupides que j'ai entendues. Ça me rend malade de constater à quel point les femmes sont à côté de la plaque. Jetez un coup d'œil à une femme qui a la moitié de votre âge. Elle ressemble à une vraie pute. Maintenant, dites-vous ceci : un homme qui a le double de votre âge et est en train de lire ce livre pense exactement la même chose de la femme avec qui vous vivez. C'est pas le pied, ça ?

Cohérence et clarté de l'esprit masculin (*Man Zen* en v.o., voir Annexe B)

Les femmes détestent jurer car elles pensent employer des mots magiques et maudits.

Les femmes croient aux contes de fées, aux lapins de Pâques en chocolat et aux princesses esseulées dans des châteaux. On les élève en leur faisant bouffer du veau aux hormones, et c'est tellement ancré en elles, que cet aveuglement démesuré et les histoires imaginaires gouvernent leur vie du lever au coucher.

La vérité, chers amis et gentlemen, c'est que jurer remet les choses à leur place. Ça donne une putain de crédibilité à des choses qui n'en ont pas. En jurant, on transforme un simple argument en putain d'excellent argument.

Les hommes aiment améliorer les choses grâce à leurs outils masculins, que ces derniers soient concrets, comme une clef à molette ou une enclume, ou figurés, comme les jurons, la réflexion ou une bonne bagarre. Argumenter, remettre les choses à leur place et se préoccuper de sa qualité de vie sont trois choses à mettre au même niveau dans la vie d'un homme. Ce sont toutes des notions à améliorer.

Les femmes, par contre, préfèrent se trouver les raisons les plus incongrues pour ne pas utiliser les outils que Dieu leur a donnés : les jurons, leur cerveau et leur vagin.

Il est illégal d'abroger le dix-neuvième amendement avant de jurer (*NdT* : amendement de la Constitution américaine sur le droit de vote des femmes).

Pourquoi s'habiller aussi mal ?

Est-ce que vous avez déjà entendu une femme parler d'un homme en costume ? Mon Dieu, c'est immonde. Elles bavent comme des chacals affamés.

Si les femmes sont si concernées par ce que portent les hommes, pourquoi s'habillent-elles toutes d'une façon aussi naze ?

Baladez-vous dans n'importe quelle rue, en semaine, et cherchez combien d'hommes sont mal habillés. Vous croiserez peut-être quelques adolescents qui n'ont pas encore tout compris, mais sinon, que de la classe impeccable. Vous en verrez qui portent des costumes d'hommes d'affaires, ou de beaux blazers, deux possibilités autrement plus appropriées au monde du travail que la mini-jupe et un magazine avec un mec torse nu en couverture.

Même les gros porteront des chemises hawaïennes extralarges, ou autres vêtements ingénieux d'excellent goût, leur permettant ainsi de rester classe en toutes circonstances. Les grosses, elles, se contentent de réciter leur dictionnaire des synonymes : bien en chair, sensuelle, plantureuse, bien dans sa peau, très charpentée, réaliste, lourde, grosse, ronde, voluptueuse, forte, profonde, démesurée, en formes, enrobée, latine, à forte personnalité, authentique, cultivée, intelligente, drôle, digne d'un Rubens, femme, pulpeuse, câline, grosse et fière de l'être, classique, sexy, aguicheuse, normale, potelée, grand format, maternelle, bien proportionnée, style pin-up, enceinte, amazonienne, victorienne, désirable. La seule chose qu'oublient les grosses serait une raison, et une seule, d'aller leur parler.

Aucune femme n'a jamais cherché à rien camoufler de son apparence. C'est pourtant la règle numéro un pour s'habiller aussi classe qu'un homme. Si vous avez du bide ou un gros cul, faites en sorte qu'on s'intéresse à ce qui se passe plus haut, ou à votre argent. La règle numéro un, pour s'habiller comme une femme, est de marquer « sexy » sur toutes les parties du corps qui donnent envie de vomir aux gens.

Les femmes pensent que tout ce qu'elles portent est génial et superbe, même si c'est totalement répugnant. Elles considèrent également que la meilleure façon de le prouver est de le coller sous le nez de tout le monde.

La manière la plus rapide et facile d'attirer l'attention sur soi, c'est de se transformer en véritable catastrophe ambulante.

Propreté et virilité : deux notions très proches

Pensez à une femme. Si on se ressemble un minimum – j'entends par là si vous aussi avez un pénis – vous avez soit pensé à Scarlett Johansson, soit à une harpie hystérique parcourant la maison avec un balai et un aspirateur, en hurlant sans pouvoir s'arrêter.

J'espère pour vous que c'était le premier choix.

Dès qu'il s'agit de commencer à nettoyer, les femmes sont comme possédées par un genre de fanatisme religieux. Qu'elles aperçoivent une facture qui traîne, ou que la télécommande soit posée de travers, elles craignent d'être envoyées pour l'éternité dans la décharge de l'enfer. À moins que pour elles, l'enfer soit d'être obligées de se regarder nue dans une glace pour toujours. Pour les hommes, ce serait vraiment une vision stupide de l'enfer. Parfois, je suis en retard au travail parce que je me regardais nu depuis une dizaine de minutes. Ça, c'est viril.

Lorsqu'une femme nettoie, on dirait une tornade de nerfs incontrôlée qui tourbillonne sauvagement, balançant les restes de la vie quotidienne pour en faire de petits tas bien délimités, comme si ça avait un quelconque sens. Les femmes appellent ça « nettoyer » : fourrer toutes vos merdes dans des tiroirs, comme un enfant de cinq ans attardé participant à une chasse au trésor à l'envers.

Les femmes font le ménage d'une façon compulsive, car leurs vies sont exactement le contraire : un pur désordre. Elles pensent que remettre droit un livre d'algèbre équivaut à l'avoir écrit.

Les hommes rangent en plusieurs étapes. C'est pour ça qu'ils le font si bien. Le rangement, c'est comme un bon vin. Il faut y aller doucement sinon, à coup sûr, vous foutez tout en l'air. Quand on fait les choses trop vite, on n'est pas minutieux, ce qui n'est pas digne d'un homme. Il nous faut parfois des jours, voire des semaines. Après tout, Rome ne s'est pas faite en un jour ; et à la fin, personne n'a eu à nettoyer.

Pour une femme, il faut parfois plusieurs jours pour vaincre un mal de crâne, ou reprendre un régime après avoir descendu un énorme gâteau au chocolat devant la télévision ; mais jamais il ne leur faut plusieurs jours pour tout nettoyer.

Les factures

Les femmes ne payant jamais aucune facture, elles ne savent pas comment ça marche. Si une facture est rangée dans un tiroir au hasard, à côté de l'évier, dans la cuisine, et n'est pas réglée parce que le délai de paiement n'a que peu de lien avec les cartes au trésor ou les interrogatoires, les femmes n'en mesurent pas les conséquences. Une femme qui cherche à comprendre ce qu'est une facture est comme un enfant face à la logique des droits de succession.

Lorsqu'un chèque est rempli, puis mis dans une enveloppe timbrée posée ensuite sur le coin d'un meuble, tout ça pour finalement disparaître, ce n'est pas la petite fée des factures qui l'a emmenée d'urgence pour la poster, par magie, dans la boîte aux lettres de la compagnie du gaz. C'est une femme qui pense avoir fait le ménage, mais a en réalité jeté des clous sur la route de votre vie.

La putain de télécommande

Une télécommande ne doit jamais être rangée. On ne doit pas la mettre de côté, ni où que ce soit, car elle doit tout le temps être utilisable. La ranger dans un stupide petit panier ou dans une boîte sous la table basse revient à installer un piano devant la porte des toilettes. C'est peut-être super marrant, mais s'il y a un piano devant les chiottes, impossible d'aller pisser.

Questions idiotes

« Une question idiote, ça n'existe pas », disait une femme à d'autres femmes. Mais sans un homme pour pouvoir en juger, comment l'affirmer ? La réponse est bien oui. Ça reste stupide.

Cohérence et clarté de l'esprit masculin.

Man Zen.

Quelques exemples de questions que j'ai déjà entendues de la bouche des femmes :

« Ça va quand même marcher, si je n'appuie pas sur le bon bouton ? »

« Les désodorisants électriques, ils fonctionnent à l'électricité ? »

« Comment je pourrais savoir ce que veut dire "vérifier le moteur" ? »

Vérifier le moteur veut dire exactement la même chose que n'importe quoi d'autre. Ça veut dire magnez-vous d'aller chercher un homme, puis faites-vous un bain de pieds pendant une heure, le temps que le problème se résolve tout seul, par magie. Qu'importe le genre de problème, la femme ne doit *pas* bouger, un peu comme si elle se trouvait dans une pièce pleine de pièges à souris et de balles de ping-pong. Un mouvement, et c'est la catastrophe.

La Reine du mensonge n'existe pas

Si un homme ne peut expliquer un retrait de 300 dollars, à deux heures du matin, d'un distributeur automatique situé dans un quartier dont votre femme ou votre petite amie n'a jamais entendu parler, qui dit qu'il ne voulait pas simplement acheter quelque chose de beau et cher pour la femme en question ? La surprise est la clef des vrais cadeaux. Les femmes sont tellement perverses qu'elles ne pensent immédiatement qu'à de l'alcool ou à des putes.

Les femmes mentent comme une affiche en 3D défectueuse. Elles vous balancent beaucoup trop de trucs à voir en même temps, et plus vous faites d'efforts pour essayer de repérer quelque chose, plus ça devient flou. Elles vous postillonnent et vous dégueulent à la figure un flot intarissable de conneries. Elles en disent tellement, qu'il faudrait à peine deux secondes au plus demeuré des détectives en herbe pour comprendre qu'elles mentent. Les foutaises que les femmes vous racontent ne sont *même pas* des mensonges. Ce sont des phrases interminables et tellement contradictoires que rapidement, vous n'en avez juste plus rien à foutre.

De toute façon, il est impossible d'écouter une femme, et vous avez mieux à faire. Si vous êtes capable de rester attentif plus de deux phrases de suite, tant mieux pour vous. Vous finirez bien par comprendre qu'elle ment, mais vous auriez dû le piger dès le premier son sorti de sa bouche.

« Que les choses soient claires », pourriez-vous dire. « Tu n'as pas entendu sonner ton portable, parce que tu étais dans un club. Après, ta copine t'a appelée de chez elle parce qu'elle avait besoin que tu l'emmènes chez sa mère à 22 h 30, et là, tu as pu entendre ton téléphone parce que tu étais dehors, pour fumer, mais tu n'as pas pu aller la chercher car tu avais laissé ton sac à main dans sa voiture. C'est pour ça que tu étais en retard. J'ai juste une question. Puisque tu n'avais pas ton sac à main, où as-tu trouvé tes putains de cigarettes ?

Dans la poche du mec qui la baise, bien sûr.

Les femmes sont totalement infoutues de garder un secret

Un vieux dicton dit : « Trois hommes peuvent garder un secret si deux d'entre eux sont morts. » Eh bien il y a un dicton de Dick Masterson qui dit : « Deux femmes peuvent garder un secret si elles sont mortes toutes les deux. » Les hommes sont intègres. C'est grâce à ça qu'ils savent garder un secret. Nous fermons notre gueule, qu'importe le sujet, c'est notre noblesse.

Prenez comme exemple votre vieux pote Dick Masterson. Je connais des centaines de terribles secrets dont je n'ai jamais parlé à personne. Une fois, je suis sorti avec une fille qui s'appelait Tracy, qui adorait aboyer comme une chienne pendant qu'on baisait. Déroutant, c'est vrai – mais également humiliant. Jamais je n'en parlerai.

Les hommes sont meilleurs que les femmes pour garder un secret, car les seules fois où un homme trahit la confiance ou la bonne foi de quelqu'un, c'est lorsqu'il a besoin, par exemple, de prendre la parole, ou encore de bien se marrer autour d'un verre. Deux cas de figure nobles et bien intentionnés, où tout le monde est gagnant. Les femmes ne confient leurs secrets que pour se faire plaindre.

Les femmes se souviendront des moindres secrets que vous leur avez confiés, puis les conserveront dans un coffre pour les ressortir en temps voulu. Dès qu'elles se sentiront offensées, BOUM ! Ce sera le grand déballage public de tout ce qu'il y a de plus gênant pour vous. La femme reviendra de son bar de drague préféré avec ses copines, en expliquant que vous êtes un genre de bourreau de travail tordu, et accessoirement en vous faisant passer pour le dernier des cons. C'est comme ça que les femmes fonctionnent : en racontant n'importe quoi.

Les hommes savent garder leurs secrets, leurs opinions et leurs sentiments pour eux. Une opinion, ce n'est pas comme un trou du cul, c'est comme une paire de couilles. Ça n'appartient qu'aux hommes, et pas question de partager.

Et la courtoisie la plus élémentaire, bordel !

Les hommes inventèrent le langage une fois que notre processus de pensée eut évolué au-delà des grognements et des indications gestuelles. Cela n'est jamais arrivé aux femmes. Tout ce qu'une femme pense, ou veut dire, peut s'exprimer par des couinements ou des cris dignes d'un âne. S'il vous faut une preuve, écoutez une femme assise à vos côtés, alors que vous conduisez à une distance parfaitement respectable de la voiture devant vous. Quant aux langues étrangères, on y croit à peine. Quand une femme en connaît une, elle se comporte comme dans une soirée de filles célibataires : si grossière, mal élevée et obsédée par la bite que ça vous rend malade.

Combien d'hommes se sont déjà retrouvés face à deux femmes parlant une langue étrangère, pensant qu'on ne les comprend pas ? Elles jacassent à haute voix comme si vous étiez un putain d'homme invisible. Elles vous ignorent à tel point que vous vous croyez à votre propre enterrement. C'est comme ça qu'on se comporte dans une société civilisée ? On raconte des conneries dans une langue secrète, au nez de tout le monde ? Non, trois fois non, ce n'est pas une façon de se comporter dans un monde d'hommes, des hommes qui ont cette petite chose en plus qui s'appelle la courtoisie élémentaire. En plus, la seule chose dont parlent les femmes, quand elles s'expriment dans la même langue étrangère, c'est le pénis. Elles ne parlent aussi que de ça quand elles sont toutes seules.

Les femmes font étalage de ce comportement provocateur, comme s'il s'agissait d'une médaille du mérite scout. Elles adorent passer pour de vilaines filles et avoir mauvaise réputation. Si vous voulez transformer une nonne en nympho en moins de dix secondes, dites-lui simplement qu'elle a l'air d'une « bonne fille », qui n'enlève jamais le haut. Dites-lui qu'elle respire la pureté.

Vous avez besoin d'un exemple ? Ne me faites pas rire. Les femmes ne sont pas si complexes que ça, et ne le seront jamais. Abordez une nana sexy à un arrêt de bus, et dites : « Vous avez l'air d'une fille vraiment bien. » C'est parti ! Prochain arrêt : le pieu. Avec qui : vous.

Les hommes parlent des langues étrangères pour faire des affaires, ou pour se débrouiller en vacances – pour jurer, aussi. Les femmes apprennent les langues étrangères pour parler pénis devant tout le monde sans se faire choper. En le révélant enfin à tout le monde, je leur offre le plus beau cadeau de Noël de toute leur vie.

Les femmes sont très douées pour le sarcasme

Les hommes sont si drôles… Putain, mais nous sommes à mourir de rire ! On est si marrants que juste là, je rigole rien qu'en pensant comme nous sommes aussi drôles que virils.

Ha ha !

Les hommes sont excellents en vannes parce que ça nous fait du bien. On se sent bien, quand on rigole. Du pur plaisir. Mais, comme pour la moitié d'un biscuit Pépito, il y a un côté sombre à la comédie : c'est le sarcasme.

Les hommes manient le sarcasme avec beaucoup de précaution. Nous alignions une véritable armée de faits pour venir à bout des défenses de nos adversaires (et des conneries qu'ils racontent), ce qui nous permet de déboulonner l'espèce de statue de Saddam Hussein qui leur tient lieu de dignité, par une remarque sarcastique tranchante et d'une précision chirurgicale. Les femmes sont totalement nulles en sarcasme. Une femme qui tente une remarque sarcastique est aussi convaincante qu'un Viking qui s'engagerait dans une bataille contre un salami géant. Franchement gênant.

L'un des plus grands problèmes des femmes, avec le sarcasme, c'est qu'elles en abusent. Les hommes savent bien que trop de sarcasme vous fait ressembler à un adolescent qui ne s'est jamais encore fait branler, contrairement à tous ses autres copains. C'est la mauvaise attitude à avoir – et c'est celle que les femmes ont tout le temps.

Les femmes adorent se montrer grincheuses et bruyantes. Elles pensent que cela leur donne du pouvoir et les rend intéressantes, alors qu'en réalité elles n'ont rien à proposer.

C'est pour ça que les femmes tentent si souvent d'être sarcastiques.

Les femmes ne peuvent jamais vraiment réussir à être sarcastiques car, comme pour tout le reste, elles ne comprennent pas ce qu'elles essayent d'appliquer. Exactement comme quand elles tentent de piger comment fonctionne une voiture, un ordinateur, ou un menu, rien ne se passe tant qu'un homme ne prend pas les choses en main – rien de positif, pour être précis.

La clef du sarcasme est le niveau d'absurdité nécessaire pour un événement donné, ce qui permet à la remarque sarcastique d'être juste. Un exemple :

Les femmes votent de façon intelligente.

Quelle putain d'absurdité ! Mais pourquoi est-ce du sarcasme, et pas simplement quelque chose de faux et idiot ?

Si cette affirmation était juste, cela voudrait dire que la façon intelligente de voter serait de le faire avec ses hormones, ou à partir de purs délires entendus de la bouche de ses amies, sans prendre la peine de vérifier quoi que ce soit. C'est là que le sarcasme fait mouche. Il souligne à quel point c'est bidon, et illustre la vraie nature d'une femme qui vote. C'est hilarant, d'être capable de sortir un tel sarcasme. Là, j'ai vraiment appris un truc ! C'est la nature même du sarcasme.

La « mâlorexie »

Vous vérifierez : il y a quelque chose qui s'appelle l'anorexie, et c'est un gros problème pour les femmes depuis des décennies. Pas tant que ça en ce qui me concerne, notez bien. Une femme ne se sent pas au meilleur de sa putain de forme tant qu'elle n'est pas squelettique.

Tous les hommes ont des goûts différents, et de valeur égale, mais ceux des femmes pour elles-mêmes sont biaisés, comme un panneau de signalisation détourné qui indiquerait Fattyville (*NdT* : « la ville des grosses »). Ce n'est sain ni physiquement, ni moralement. Ça s'appelle de la gloutonnerie.

Que doivent faire les femmes, alors ? Arrêter de manger ? Vomir tout ce qu'elles avalent ? Les deux me semblent de bonnes idées – avec modération. Mais vous savez quoi ? Même ça, les femmes ne savent pas le faire correctement !

L'anorexie... quelle connerie, tellement exagérée. Quelle différence y a-t-il entre une femme boulimique et un étudiant qui se bourre la gueule ? L'un fait la fête jour et nuit et tout le monde l'adore, quand cela permet à l'autre d'être admise à l'essai à la fac. Si les femmes souffrent d'anorexie ou de boulimie, ce n'est pas une question d'estime de soi. C'est parce qu'aucune d'elles ne le fait correctement !

Portez un protège-dents, les filles. La boulimie vous les fout en l'air. Et les suppléments vitaminiques ? Bon Dieu, tout ça me dépasse. Si ce livre était destiné aux femmes, je pourrais continuer encore.

Il n'y a rien de mal à ne pas engloutir à la suite des frappuccinos, des quatre-quarts et des tartes. Il y a des hommes, dans l'armée, qu'on entraîne à ne rien avaler pendant une semaine. Je l'ai entendu dans une pub pour l'armée, et à chaque fois que j'y repense, ça me donne envie de jeter mon repas à la poubelle et d'aller botter le cul de quelqu'un.

« Je vais leur montrer, aux hommes », dit la femme. « Ils veulent que je sois maigre ? Je vais me laisser crever de faim ! »

Bravo, ma chérie. Mais c'est pas comme ça que tu tomberas enceinte.

Si les hommes souffraient d'anorexie ou de boulimie, ce serait très différent. Déjà, ils appelleraient ça « mâlorexie » et « mâlimie ». Réservé aux mâles. Ensuite, la mâlorexie concernerait un homme qui décide de ne pas reprendre une deuxième portion de frites, ni une autre bière, parce qu'il est trop bourré, ou bien de sauter le petit déjeuner parce qu'il a juste du putain de boulot à finir, et pas franchement le temps de s'emmerder avec quelques œufs frits.

La mâlorexie peut également survenir si vous vous retrouvez quelque part avec votre escadron, avec suffisamment à manger pour cinq jours, à ce détail près que vous y êtes depuis onze car c'est le temps qu'il vous faut pour mener à bien votre mission. C'est ce qui arrive dans la publicité dont je parlais. Cette pub me fait autant d'effet à chaque fois que je la vois !

Dans les écoles de commerce, il n'existe aucune brochure insistant sur les dangers d'un petit déjeuner en moins parce qu'il a fallu rendre un travail à temps, pas plus qu'il n'y a d'organisations qui mettent en garde contre un excès de boisson, qui vous ferait vomir les chips au fromage qui vous ont servi de dîner. Il suffit d'en racheter un paquet.

La Trinité Féminine de l'Erreur

S'il fallait faire la liste de tous les problèmes que rencontrent les femmes, elle serait plus longue que toutes celles envoyées au Père Noël, et la moitié en contredirait l'autre.

« J'ai des problèmes avec mon image ! »

« Je déteste la façon dont les hommes dévisagent tout le temps mon corps sexy ! »

« Comment se fait-il qu'un petit haut court coûte plus cher qu'un tee-shirt ? C'est moins grand ! »

Il est difficile de se contredire deux fois de suite, tout en ayant encore tort, et pourtant... C'est la Trinité Féminine de l'Erreur. Trois propositions contradictoires distinctes, chacune d'entre elles plus fausse que la précédente. Les femmes sont la seule espèce de tout l'Univers à être capable d'avoir tort un nombre de fois infini.

Les hommes eux-mêmes n'ont-ils pas de souci avec leur image ?

Je plaisante ! Ils s'en contrefoutent. Cela nous permet de porter des chemises en flanelle, et de nous laisser pousser la moustache ou la barbe. Les femmes sont simplement idiotes et superficielles, et pensent qu'elles peuvent résoudre leurs problèmes en les gerbant dans les toilettes. Elles feraient mieux de chercher un job.

L'anorexie, c'est la manifestation physique du besoin de la femme d'être aimée. Comme elles n'ont ni travail, ni satisfaction personnelle, elles comblent ce vide en arrêtant de manger – ce qui est d'une certaine façon plus féminin que d'acheter une guitare pourrie pour apprendre à en jouer, ou d'être bénévole dans un foyer pour sans-abri. La prochaine fois que vous compatissez pour une boulimique de 45 kilos, rappelez-vous que pas loin, il y a un petit garçon qui aurait pu être le nouvel Einstein, mais qui est mort de faim parce qu'une fille de ce genre a balancé son Big Mac.

Les hommes sont des nerds

Qu'est-ce qu'un nerd ? Comme je suis un homme, je vais naturellement pouvoir vous répondre.

Les nerds ressemblent beaucoup à la pornographie ou aux obscénités : on les repère immédiatement. Pour commencer, disons simplement qu'un nerd est toute personne qui se rend à une convention de *Star Wars*, et s'y déguise comme l'un de ses personnages. On pourrait ajouter que le nerd lit tout ce qu'il peut à propos des conventions de *Star Wars*, ou qu'il me demande d'écrire quelque chose sur ces putains de conventions dans mon nouveau livre. Restons-en là.

Il semble donc qu'il existe bel et bien des conventions de ce genre, et que des gens s'habillent vraiment comme des personnages de *Star Wars*. J'imagine que ça doit ressembler à Halloween, à part qu'à la place des bonbons, on a des accessoires de Chewbacca. Je n'ai pas la moindre putain d'idée de la façon dont ça fonctionne.

Par contre, je sais comment les femmes fonctionnent : elles bousillent tout avec leur Aura de Ruine et leur Trinité de l'Erreur. Le top, pour les femmes qui participent aux conventions de *Star Wars*, c'est de se déguiser en personnages des films, version pute. Bordel, mais pourquoi ?

Dans ce cas-là, je ne sais pas ce qui offense le plus ma sensibilité d'homme : l'étalage de sexe dans un lieu totalement inapproprié, ou la façon hypocrite et artificielle que les femmes choisissent pour chier sur les précieux souvenirs de l'enfance. Continuez, les filles. Vous avez placé la barre encore plus bas.

La dernière chose au monde que j'aie envie de voir, c'est bien une femme dans une tenue de dominatrice avec le casque de Dark Vador. C'est quoi, ces conneries ? Les membres des troupes d'assaut n'ont pas de nibards.

Les hommes savent ce que c'est que d'être un nerd. C'est l'intérêt et l'investissement pour une idée, ou un ensemble d'idées, que certains peuvent considérer comme fanatique. Ça ne vous dit rien ? Vous avez sans doute déjà entendu parler de ce qu'on appelle la putain de démocratie.

La démocratie a été créée par une bande de nerds accros aux libertés civiques, et on peut vraiment dire qu'ils se sont donnés à fond. Ils se sont échangé toute une série de petites notes de nerds qui ont donné la Déclaration des droits, puis ont rédigé des revues secrètes pour nerds, sur le vote et sur le libre-échange pour les fans de fiction. Voilà ce dont est capable un nerd homme : inventer le meilleur type de gouvernement au monde.

Une femme nerd est capable de vous mettre K.-O. dans sa jolie tenue, tout en faisant savoir qu'elle n'a rien à faire dans le monde réel. Je ne verserai jamais de café chaud sur une femme brûlante en tenue de Dark Vador, même si je savais que celui qui l'a préparé a pissé dedans. Je préférerais encore le boire, et la pisse avec.

Le seul talent des femmes, c'est de s'habiller comme des salopes. Imaginez des oreilles de Yoda sur une fille en bikini. Aucune autre idée ne me vient à l'esprit car je ne fréquente pas les conventions *Star Wars*, et je n'irai jamais.

A comme...

Qu'importe la période de l'année, Noël ou la Saint-Valentin ne sont jamais très loin. Le résultat, ce sont des cadeaux hors de prix sur tous les présentoirs des magasins de tout le pays, destinés à des filles qui auront la chance de savoir leur amour marchandé.

Pour un homme, être amoureux c'est comme obtenir une promotion. C'est excitant, ça améliore potentiellement sa qualité de vie, mais implique un comportement discret et respectueux de soi. C'est ça l'amour, pour les hommes : le respect de soi.

Vous ne verrez jamais un homme sortir en courant du bureau de son patron et lancer une agrafeuse de joie après avoir eu une promotion. Un homme offrira plutôt une tournée à ses copains. Ce sera à la fois discret et débordant de respect de soi. L'amour, c'est exactement la même chose. Il s'est passé quelque chose qui, jusqu'à présent, est positif ; cela continuera peut-être à marcher, peut-être pas ; il y aura des coups à encaisser, et quelques discussions.

Une femme amoureuse se donne le droit de se comporter comme une folle finie. Hommes, femmes, enfants – en réalité, les femmes n'aiment personne. Tout ce qu'elles aiment, ce sont ces si précieuses babioles vulgaires qu'on leur a offertes par amour, comme les bijoux ou les produits pour le bain, tous ces cadeaux qui, pour elles, sont les fondations d'une bonne relation.

Une femme amoureuse ressemble à ce professeur fou qui n'a jamais eu le temps de fonder une famille. Sans doute était-il trop occupé à inventer des machines à remonter le temps et des hélicoptères qui, hélas, déçurent ses espérances. Pour compenser, comme il vieillissait, il construisit d'étranges robots qui formèrent sa famille. *Edward aux mains d'argent* est un bon exemple de la façon minable dont les femmes se comportent quand elles disent être amoureuses. Elles improvisent une série d'émotions bidons, les mélangent pour en faire une mélasse gluante d'illusions, avant de s'en goinfrer.

Parlez d'amour à une femme, et immédiatement elle se lancera dans des lieux communs et des absurdités pendant des heures. On dirait une vendeuse de bagnoles d'occasion, si ce n'est qu'elle se refourgue toujours la même camelote à elle-même.

Les femmes sont tellement obsédées par l'amour qu'au moment où il apparaît, elles sont aussi entraînées qu'un Maître Kung-fu : il n'a pas besoin de vous voir le frapper dans les couilles, il a déjà réagi avant. Les femmes, c'est pareil. Chaque réaction, chaque signal est instantané, et du bar à la chambre à coucher, elles sont en pilotage automatique, se laissant aduler avant de faire casquer le complice de leur conte de fées.

Les femmes n'ont rien à apprendre pour vous coincer dans leur piège amoureux, il leur suffit d'entendre les bons mots de passe.

En amour, les femmes se dévaluent elles-mêmes régulièrement. Leur attachement à ne pas avoir tort ni avoir à admettre le fantasme sur lequel elles ont construit leur valeur personnelle est idiot et sans issue. La putain de première étape, si l'on veut être amoureux, c'est de grandir.

Saoule comme une cochonne

Si vous avez déjà passé du temps dans un bar ou à une fête, vous avez forcément été affligé par le nombre de femmes bourrées qui se jettent sur vous sans raison. Je ne parle pas des filles sexy – sobres et tenues bien en laisse par un petit ami attentionné et possessif. Je parle des grosses.

Je croyais que les gros tenaient mieux l'alcool !

Les femmes absorbent aussi bien l'alcool qu'une serviette en papier usagée. À la seconde où elles en ingurgitent, elles se transforment en traînées braillardes et titubantes, avant de très vite péter un plomb et devenir complètement hystériques.

La seule façon de faire la différence entre une fille saoule et une sobre, c'est que la première viendra vous allumer.

Les femmes consacrent leur vie entière à s'excuser pour s'être mal comportées : règles douloureuses, grossesse, esprit minable imprégné d'illusions romantiques qu'elles ressortent volontairement à la moindre occasion. Les femmes considèrent l'alcool comme l'Arbre magique de la Générosité, qui n'attend que d'être élagué en guise d'excuses.

Si une femme décide de se laisser aller (en d'autres termes, d'enlever sa culotte), elle se tourne alors vers son meilleur ami, le schnaps. Qu'il soit à la pêche, à la menthe ou danois, elle les aime tous, et quand elle s'y met, elle s'offre un voyage gratuit pour ce pays merveilleux où elle pourra adopter le pire des comportements, pour ensuite « ne se souvenir de rien », dès le lendemain.

La mémoire des femmes est un drôle de truc. Elle fonctionne d'une manière très irrégulière mais, pour une raison inconnue, lorsque l'alcool entre en jeu, c'est encore pire.

Les hommes tiennent l'alcool comme tout le reste dans leur vie : avec classe et respect. Ils ne l'engloutissent pas pour ensuite délirer sur le manque du père comme des écervelées. Les hommes se servent de l'alcool pour se détendre, pour créer des liens ou pour renforcer leur classe naturelle. C'est bien nous, qui avons inventé le Martini et le scotch. La classe à l'état pur. Les femmes détestent ces boissons.

Les hommes utilisent également la boisson pour être créatifs. Sobre, même un homme pourrait ne pas trouver drôle de raser un chat. C'est là que l'alcool intervient. Lorsqu'il est fin saoul, l'homme découvrira que non seulement c'est marrant, mais que c'est *tellement* marrant qu'il se procurera d'autres chats.

Petit canard en caoutchouc, putain comme tu es lent...

Plus c'est rapide, mieux c'est. Tous les hommes le savent. En disant cela, les hommes savent que ça n'a de valeur que si la qualité est au rendez-vous. Si un homme dit « Ces enceintes seraient bien meilleures si elles étaient plus puissantes », aucun autre homme n'y trouverait à redire. Implicitement, ça signifie qu'elles seraient moins merdeuses sans distorsion.

Les femmes sont si bêtes, et se trompent tellement, que même si elles étaient autorisées à lire ces lignes, elles mélangeraient tout. Les idées, ce n'est pas que le langage, et le langage, ce n'est pas qu'un ensemble de mots. Une femme qui observe une forêt ne voit qu'une série d'arbres trop près les uns des autres. Dans une boîte de Lego, elle verra des gravats. Les femmes pensent que les enfants sont là pour les écouter parler, et oublient qu'ils deviendront footballeurs professionnels.

C'est pour ça que Lego fabrique des décors pour cosmonautes ou pirates, et pas des salons de thé ou des bars de rencontres où abuser des vieux.

Les hommes ont un paquet de trucs à régler chaque jour, et ce n'est pas sous la douche que ça va se passer. C'est pour ça qu'ils n'y restent jamais plus de dix minutes. Les femmes, ce serait plutôt soixante-dix.

Dans la cabine de douche, la pesanteur est une évidence, pour l'homme. On se lave les cheveux, puis on se lave le visage, puis on se lave le cul. Qu'importe les parties du corps que vous décidez de vous laver, la pesanteur est la base de vos gestes. Les femmes, pourtant, s'y opposent comme elles s'opposent à tout le reste dans leur vie, dont la biologie. Elles commencent par se raser les jambes. Puis elles se lavent les cheveux. Puis elles sortent de la douche pour récupérer un nouveau savon, ce qui leur donne l'occasion de foutre de la flotte partout, alors qu'elles auraient très bien pu en faire un avec les trois petits bouts qui restaient dans la douche.

Certaines femmes vernissent leurs ongles de pieds et restent assises dix minutes sur la cuvette des toilettes sans, à aucun moment, arrêter l'eau de la douche. Je suppose qu'elles doivent être perturbées et se croire dans la forêt amazonienne, ou quelque chose comme ça.

Si vous voulez faire comme si une femme utilisait votre salle de bains, remplissez un putain de seau d'eau et balancez-le partout. Ensuite, laissez traîner une serviette trempée à travers toute la maison.

Les hommes sont de meilleurs écolos

Lorsqu'on pense à l'expression « bon pour l'environnement », on a presque tout de suite en tête une bande d'odieuses bonnes-femmes, qui n'arrêtent pas de brailler des slogans qu'elles sont incapables de comprendre :

« Apportez votre contribution ! »

Quelle putain de contribution une femme peut-elle apporter ? Agir quand tout est terminé ? Être présente au moment où tout le monde vous remercie ?

Ce que j'entends par « bon écolo », c'est un homme qui a remplacé les anciens emballages McDonald en polystyrène par du carton 100 % recyclable – même si les premiers étaient plus sympas. Voilà qui a vraiment fait avancer les choses, sans avoir à recourir à des grosses qui se gavent de vin et de chocolat, assises à commander des pulls en chanvre sur des gros catalogues, et rêvant de déménager à Seattle.

Les femmes sont une bande de grandes gueules bavardes. D'où leur passion pour ce genre de conneries. Si, en tant qu'homme, vous jouez au gros con lourd et arrogant, là les femmes vous comprennent. C'est comme aboyer devant un chien. Vous ne savez pas ce que vous dites, mais il peut arriver que le chien vous réponde.

Tout ce qui compte, pour la femme et le chien, c'est la motivation et le volume sonore. Les femmes prennent toujours position, sur tous les sujets, de la même façon : en parlant fort mais sans rien avoir à dire, et toujours dans le sens du vent médiatique.

Génial. J'avais toujours rêvé d'une cravate Mickey Mouse

La modernité nous donne accès à plus de magazines de sports que nous ne pourrons lire en une vie, à la possibilité de se faire envoyer, toute l'année, les whiskies les plus exotiques, et aux distributeurs automatiques de films pornos ; pourquoi, bordel, est-il alors si compliqué pour une femme de faire un seul beau cadeau ?

Elles n'ont même pas à dépenser leur propre argent !

On pourrait croire que sur ce plan, les hommes ne sont pas meilleurs que les femmes, obsédées qu'elles sont par l'achat de cadeaux... Pourtant, si. Voici la liste de quelques-uns des derniers cadeaux que les femmes m'ont offerts :

1 : Des socquettes (jamais de ma vie je n'ai porté ce genre de chaussettes)
2 : Un déodorant Mennen
3 : Une chemise à rayures roses et vert citron
4 : Un cadre photo avec la sienne déjà dedans
5 : Du savon Dove

J'avais autant besoin de tout ça que d'un vélo sans roues, ou d'une réputation de baiseur le plus rapide de l'Ouest, et c'est d'ailleurs exactement ce que j'ai dit en ouvrant les paquets.

« Pourquoi tu ne m'as pas simplement trouvé un vélo sans roues ? Ça aurait été facile à dénicher dans une benne à ordures. »

À peine ma phrase terminée, j'ai compris pourquoi ce n'est pas ce qu'elle avait fait. Fouiller dans une benne, c'est du travail. C'est beaucoup plus de travail que d'entrer dans un supermarché Casino, et d'y acheter un pack de douze savons Dove. Et puis un vélo foutu, j'aurais pu le ranger directement dans la benne. Putain, je peux aussi ne *pas* utiliser un vélo sans roues. Alors que je ne peux pas ne pas utiliser un savon Dove, ou un cadre photo.

Et pourquoi ne pas séparer le cadre et la photo, pour en faire deux cadeaux ? Ce serait l'occasion de les apprécier à différents moments, et d'en profiter deux fois plus. Dans le cadre, je pourrais mettre ma photo dédicacée de Nicolas Cage sur le tournage de *Rock*, et la photo, je pourrais en profiter aux toilettes, en la foutant sous un paquet de trucs dont je n'ai rien à foutre.

Les femmes achètent des cadeaux aux hommes avec une et une seule chose en tête : *Que pourrais-je acheter de moins cher, et de plus facile à trouver, qui lui fasse tout le temps penser à moi ?*

Ça vous fera penser à elle, mais tous ceux qui tomberont dessus aussi ! J'imagine que pour Noël, vous voudriez plutôt un hors-bord télécommandé ? En tout cas, moi oui. Eh bien je vais vous dire : *elles* pensent qu'en fait, ce qu'on veut, c'est un pull immonde avec leur tête brodée en énorme, et des cordelettes cousues au niveau du col.

Échec et mat

Dans tous les sports, il y a une équipe féminine bien distincte, dont la fonction est de pleurnicher dans l'ombre. Pourquoi ? Parce qu'un homme opposé sportivement à une femme, c'est comme Superman qui se battrait contre une équipe de chimpanzés portant des lunettes de soleil. C'est mignon, c'est marrant, mais personne ne paierait pour voir ça.

L'homme a prouvé sa supériorité physique sur les femmes depuis des millions d'années – même quand c'était totalement inutile de le faire. Mais il n'y a pas que notre grande force, qui nous permet de nous élever au-dessus de la Terre comme des dieux, lors de grandioses compétitions sportives, pendant que les femmes n'ont d'autre choix que d'occuper leur temps libre dans des organisations caritatives. Les hommes sont également meilleurs que les femmes en sport parce qu'ils sont plus intelligents.

Et si les hommes avaient inventé des sports purement intellectuels ?

Et si ces sports, nous les avions appelés les échecs et le poker, et que les femmes y étaient tellement nulles qu'elles avaient dû créer leur propre championnat pour la compétition ?

La compétition féminine d'échecs n'a rien à voir avec les cascades d'Andy Kaufman, lorsqu'il pratiquait le catch contre des femmes, ni avec la fois où une femme s'est retrouvée dans le championnat de golf masculin, ce qui permit une fois de plus à Nike d'empocher le gros lot en faisant croire que les femmes avaient du pouvoir.

Les femmes, dans une compétition d'échecs, c'est comme des nains qui suivent des hommes en s'habillant comme eux. Le sport, pour les femmes, ressemble aux HLM. Tout le monde déteste ça, et s'il n'y avait pas toutes ces putains de subventions, il n'y en aurait plus.

La fête du slip

J'ai eu la grande malchance, hier, de regarder une émission sur MTV, *Le Meilleur Anniversaire au monde des seize ans d'une salope pourrie gâtée*, ou quelque chose dans le genre. Je ne me souviens pas exactement du titre, mais ce dont je me souviens parfaitement, c'est la façon abominable dont les filles se comportaient, ce qui d'ailleurs concerne toutes les femmes.

Comme tout ce que j'ai appris en tant qu'homme, cette émission m'a démontré ce que je savais déjà. Les hommes sont meilleurs que les femmes pour organiser des fêtes, pas simplement parce que leur talent en la matière est un putain de désastre, ou parce qu'elles deviennent totalement hystériques dès qu'il s'agit de commander quelques pâtisseries à la boulangerie du coin, et de trouver la bonne tenue avant le jour J. Les hommes sont meilleurs que les femmes pour les fêtes parce qu'elles organisent tout à l'envers.

Quand un homme organise une fête, il s'arrange pour que tout le monde s'amuse. Du moment que chacun a à manger, suffisamment à picoler et repart chez lui avec la banane, la fête est réussie. Comme les Grecs qui organisaient des fêtes pour leurs dieux, les femmes le font pour elles-mêmes, et devinez pour qui sont les offrandes ? Comme toutes les autres choses ordinaires organisées par les femmes, elles font des fêtes pour qu'on les vénère et qu'on ne s'occupe que d'elles.

« Où as-tu trouvé ces ronds de serviettes qui ressemblent à des chapeaux de magicien ? Sur un catalogue ? C'est vraiment dans le ton de la soirée. Tu es si créative, et je suis si heureux que ce pack de dix-huit Amstel light ait tenu vingt minutes ! Je n'en peux plus d'attendre d'être impressionné par l'attention que tu porteras à mon bien-être, quand je chercherai mes clés de voiture dans trois heures ! »

Voilà le genre de conneries qu'il faut dire à une femme si vous voulez être réinvité. Lorsqu'un homme prévoit une fête, il se pose les questions suivantes, et tout est prêt :

1 : *Est-ce que j'ai une grande poubelle pleine de glaçons et de bières ?*

2 : *Est-ce que mon caddie était vraiment plein à ras bord de chips et de gros sandwiches ?*

Laissez un message après le bip, pas un monologue

Comme la plupart des objets, un répondeur téléphonique sert à une seule chose, et pas à plusieurs. Un tournevis est fait pour tourner des vis, pas pour faire levier et ouvrir n'importe quelle merde. Une voiture n'est pas un siège, alors dégage ton cul de mon capot, même si tu portes une mignonne petite jupe.

Un répondeur téléphonique a pour fonction de prendre les messages quand nous, les hommes, sommes en train de travailler. Ce n'est pas un psy mécanique prêt à écouter des messages de dix minutes sans intérêt.

Les hommes laissent des messages comme s'ils parlaient espagnol – ce qu'ils font également mieux que les femmes. En espagnol, une vraie question commence par un point d'interrogation, au moins c'est clair.

« Rappelle-moi, c'est Bill » ou « J'ai besoin que tu me ramènes à ma voiture, c'est encore Bill ».

C'est comme ça qu'il faut faire. Les hommes disent tout de suite ce qu'ils veulent. Les femmes laissent des messages dans lesquels chaque phrase commence par « heu » ou « donc » ou par un silence de cinq secondes, le temps qu'elles changent de main parce qu'elles payent au Starbuck. Rien à foutre de ceux qui attendent derrière – j'ai un message vocal à laisser à quelqu'un, maintenant !

Est-ce qu'il existe une société de téléphones portables qui propose un moyen de refuser tous les messages vocaux émis par les femmes ? Non. Ça m'économiserait trop de minutes facturées pendant que je cherche à décoder ce dont parle la femme. Faut-il que je décroche ou que je rappelle ? Est-ce que j'ai besoin de faire un test pour quelque chose ? Est-ce vraiment urgent ?

Bien sûr que non, ce n'est pas urgent. Une femme n'a jamais rien d'urgent à dire sauf si elle est enceinte, et après, la seule autre chose urgente devient votre problème de boisson.

Se rétamer, pardon, s'exprimer en public. Vous voyez ce que je veux dire ?

Un manchot serait parfait pour compter le nombre de grandes oratrices à travers l'Histoire : aucune.

Quand il s'agit de s'exprimer en public, les femmes sont nulles. Elles ne savent pas capter l'attention d'une salle plus de quelques minutes, sans avoir recours à quelques sous-entendus sexuels bas de gamme. C'est pour ça que Miss Univers n'a pas à faire de discours. C'est juste un concours de tee-shirts mouillés sans l'eau, qui ne vaut pas la peine qu'on en parle.

On peut, par contre, parler de l'éloquence des hommes par rapport à celle des femmes. Elle est très supérieure.

Quand il s'adresse à un public, un homme commence toujours par une blague pour chauffer la salle. C'est une technique qui fonctionne magnifiquement depuis des milliers d'années : de Homère à Hitler.

De toute façon, c'est inenvisageable pour les femmes. Elles sont incapables d'être drôles donc, à la place d'une blague, elles sidèrent tout le monde en bredouillant des statistiques, des « points clés », et autres absurdités. Des putains de maths... C'est vraiment tout ce qu'attendent des gens qui n'ont même pas fini leur premier café de la journée.

Je ne perdrai pas de temps à détailler comme les femmes sont maladroites dans la construction de leurs discours. Si le cerveau humain s'enflammait spontanément lorsque l'expression « en gros » était prononcée plus d'une centaine de fois à la suite, on interdirait aux femmes de s'approcher du gaz. Sur les grils serait mentionné « attention aux femmes », ce qui devrait d'ailleurs déjà être le cas.

Mort lente

Depuis la nuit des temps, l'homme a cherché à déjouer la mort en accomplissant l'acte lui-même. Je parle du suicide.

Il y a quelque chose de viril, dans le suicide, qu'il faut savoir respecter. « Ça va lui montrer de quoi on est capables, à cette salope », disent les hommes.

Les hommes ont quatre fois plus de chances de réussir leur suicide que les femmes.

Les femmes ont trois fois plus de chances de réussir à rater leur suicide que les hommes.

C'est typique. Faites suivre « réussir à rater » par n'importe quoi d'autre, ce que vous voulez, et ça marchera aussi.

Les hommes vont jusqu'au bout. Que ce soit à cause de dettes de jeu, d'une solitude existentielle ou simplement de la vieillesse, les hommes savent toujours quoi faire de leur vie, y compris y mettre fin. Les femmes ne savent que remplir des formulaires pour obtenir une carte de crédit ou adopter un nouveau chat. Elles ne peuvent pas se suicider, car elles ne savent même pas comment fonctionne l'organisme.

Si vous demandez à un homme comment se maintenir en forme, il vous répondra : « Mangez moins et faites plus d'exercice. » C'est le putain de régime miracle. Posez la même question à une femme, et elle vous dira : « Réglez vos problèmes relationnels avec votre mère en suivant des cours du soir. »

Ce qui veut dire se gaver de chips au fond de la salle pendant un cours sur les religions, tout en découvrant la popularité des guides spirituels.

Ce sera toujours sexy quand tu auras 80 ans, fit sarcastiquement remarquer Dick

Lorsque les hommes se font faire des tatouages, ils sont uniques et veulent dire quelque chose. Les hommes se font, par exemple, tatouer sur le dos *Où est Charlie ?* chevauchant une comète, ou deux filles en bikini qui soulèvent une ancre. C'est superbe. Pourquoi pas aussi « mâle américain », en caractères chinois ? Ça signifie sûrement aussi plein d'autres trucs incroyables – le chinois, c'est complexe.

Lorsque les femmes se font tatouer, c'est toujours les mêmes conneries : une rose sur un nibard, qu'on n'est pas censé regarder, ou un genre de cible au-dessus du cul. Si les tatouages des hommes étaient aussi prévisibles et évidents que ceux des femmes, on aurait tous un dollar géant tatoué sur la poitrine, avec une flèche dirigée vers la bite.

Heureusement pour tout le monde, les hommes ont cette petite chose en plus qui s'appelle la classe.

Les tatouages font partie du monde masculin depuis l'époque où les hommes partaient chasser et se réunissaient, pendant que les femmes prenaient des bains de pieds.

Je pense que les hommes ont inventé les tatouages pour montrer fièrement combien de mammouths laineux ils avaient tués, dans des combats à mains nues. Combien de mammouths laineux une femme a-t-elle déjà tués ? Aucun. Elles aiment la Fée Clochette, cependant. Putain, qu'est-ce qu'elles aiment la Fée Clochette ! (*NdT* : argot pour « clitoris »).

Les tatouages des hommes sont des affirmations. « Où est Charlie ? Putain, mais il est juste là ! » Ça, c'est une affirmation. Et il n'y a rien de plus viril qu'une comète. À moins qu'il existe, quelque part là-haut, des comètes inversées avec la queue qui se dresse devant. Encore une autre blague subtile et masculine.

Que signifie un tatouage stupide et pseudo-indien placé en bas du dos d'une femme ? « Je suis en contact avec l'esprit de la nature » ? Sans doute pas. Ça ne dit pas non plus « J'aime la spiritualité ». Ça ne dit même pas « Regardez le bas de mon dos » ou « J'ai besoin de beaucoup d'attention ». Ça dit « Je suis là pour décorer ».

Les femmes n'ont pas suffisamment de philosophie ou de personnalité sur lesquelles fonder un tatouage. C'est pour ça qu'elles se font tatouer n'importe quoi. C'est aussi la raison pour laquelle elles aiment tant Hallmark, avec toutes ces conneries niaises et préemballées, mais qui définissent parfaitement l'essence de la femme, qu'il s'agisse d'une figurine aux yeux énormes en porcelaine, ou de la reproduction minuscule d'un Monet.

Les femmes *sont* Hallmark. Elles sont beaucoup trop chères, ne servent à rien, et feront de la peine à quelqu'un si vous les balancez en moins d'une semaine.

La téloche

Comme tout le reste, la télévision a été inventée par un homme. Il s'appelait Philo T. Farnsworth.

Ensuite, cette invention a été développée par d'autres hommes – des hommes d'affaires qui réinventèrent les paradigmes, et eurent tellement d'idées géniales que tous mes sens si masculins en frémissent rien que d'y penser. Les hommes sont doués pour les inventions, puis pour les développer ; mais ce n'est pas ça dont je voulais parler ici.

Les hommes sont également meilleurs que les femmes pour regarder la télévision. La télé va aussi bien aux hommes qu'un bon coup de pied au cul va aux étudiantes, ces femmes qui pensent toutes avoir une putain d'opinion sur tout.

La télé, c'est pour se détendre et se sentir bien, mais il peut aussi s'agir d'informations, ou de catch. La télévision informe autant qu'elle distrait. Comme l'homme, cette putain de télé est polyvalente.

Les femmes ne sont pas polyvalentes, et ne regardent que des émissions conseillées par leurs copines, ou celles qui sont extrêmement populaires. Les hommes, en pionniers, peuvent passer plusieurs heures par jour à explorer toute la gamme des chaînes proposées par le câble.

S'il y a une bonne sélection sur Série Club, un homme tombera dessus et regardera tout. Puis il le partagera avec le monde entier. C'est la raison pour laquelle le Père Noël est un homme. Si c'était une femme, elle garderait tous les jouets dans un grand entrepôt, et ferait culpabiliser les elfes pour ne pas avoir réussi à la convaincre qu'elle n'avait pas un gros cul.

Les femmes ne regardent pas non plus les publicités. À la seconde où ça commence, elles se mettent à hurler.

Certaines femmes vont même jusqu'à couper le son ! Mais dans quel monde à la con est-ce que je préférerais entendre une femme penser tout haut, plutôt que d'écouter trente secondes des Who, sur des images d'un bon Américain conduisant une belle bagnole américaine ?

La ferme des animaux

Les zoos existent depuis aussi longtemps que les animaux eux-mêmes. Un putain de bail. Et tout ce temps-là, les hommes ont toujours su en profiter au maximum. On y a fait de belles balades, pendant notre temps libre. Certains d'entre nous ont même eu la chance de pouvoir y boire plusieurs bières – ceux qui, parmi nous, ont eu la possibilité de visiter celui de Londres.

Londres est une ville faite pour les hommes. Se bourrer la gueule dans un zoo est aussi économique que relaxant pour le corps et l'esprit. Pour se détendre, les hommes n'ont pas besoin de dépenser une semaine de salaire en une seule journée, dans un club de remise en forme branché.

Lors de ma dernière visite au zoo, j'ai eu la malchance de me retrouver coincé avec un groupe de filles d'une école élémentaire, à côté du parc à manchots. Voici ce que j'ai entendu :

« J'en veux un ! »

« J'en veux deux ! »

« Pourquoi je peux pas en avoir un ? »

Mon Dieu. Le zoo, ce n'est pas les Pokémons, ni une animalerie. Distinguer, d'une façon déjà si évidente, la cupidité sur les visages de petites filles de dix ou onze ans m'a rendu tellement malade que je n'ai même pas pu manger mon beignet.

Par chance, alors que je me trouvais dans le vivarium des serpents, j'ai croisé un groupe de jeunes écoliers, des garçons, en observation virile sur le terrain.

« Pourquoi les serpents sortent-ils la langue ? »

« Pourquoi ne ferment-ils pas leurs yeux ? »

« Si un serpent se mange la queue, est-ce qu'il finit par disparaître ? »

Il a fallu que je m'asseye un moment, tellement j'étais sonné par ce que je voyais et entendais. Tout seuls, ces jeunes gens s'instruisaient. Ils analysaient leur environnement et proposaient de nouvelles idées. Ces petits écoliers étaient comme des poubelles humaines, mais dans l'autre sens – dans le sens de ce que je vous explique en ce moment.

Il m'arrive parfois de craindre que l'égalité des sexes imposée par l'État fasse imploser notre civilisation, comme un raz de marée de merde. Mais non. Car si demain tous les adultes disparaissaient de la surface de la Terre, et que les enfants devaient tout recommencer, il nous faudrait cinq minutes pour nous y remettre. Peut-être même moins, parce que les petites filles de dix ou onze ans ne sauraient encore rien du féminisme ; elles auraient juste appris à vouloir à tout prix quelque chose, mais n'auraient que leurs yeux pour pleurer. Quoi, c'est bon !

J'ai également battu mon propre record masculin, en faisant passer dans le zoo un pack de quatre cannettes de Boddington, planquées dans mon pantalon. Je n'ai pas l'intention, dans ce livre, de vous livrer tous mes secrets, mais voici un bon truc pour les hommes rusés :

Si vous vous faites prendre avec deux Coronas planquées dans vos poches, combien y a-t-il de chances pour que vous ayez quatre cannettes de Boddington dans votre pantalon ?

Pensez-y, parce les gardiens, eux, ça ne leur passera jamais par la tête.

Les femmes sont nulles aux jeux de société

Les femmes ont besoin d'un tour de chauffe pour tout : le mariage, le travail et la vie tout entière afin de bien tout piger. Sinon, vous avez juste affaire à une grande femme-enfant qui déambule partout sans savoir où elle va, et qui balance de l'argent sur le jeu alors que tout le monde attend juste qu'elle lance le putain de dé, à moins qu'elle ne commence à pleurer parce qu'elle vous trouve condescendant. Bien sûr, bordel, que je suis condescendant. Sur la carte, c'est écrit reculez votre pion de trois cases. Comment je pourrais expliquer ça sans être condescendant ?

Avec tous les jeux de société, il y a un putain de livret d'instructions qu'il est totalement inutile de lire. Est-ce que vous saviez que le bonus de 500 euros, lorsque vous vous retrouvez sur la case « Parking Gratuit », n'est même pas mentionné dans les instructions ? On n'a également droit qu'à un seul hôtel par propriété. Et personne n'est autorisé à distribuer plein de billets à tout le monde, sous prétexte que quelqu'un s'est levé pour aller chier. Ça ne ressemble pas du tout à une partie de Monopoly à laquelle je voudrais jouer.

Les instructions n'ont aucune importance. Tous les jeux doivent être pratiqués de la même façon : virilement.

Vous savez quel est le but des jeux de société ?

Faire les cons et se bourrer la gueule entre potes. Tiens, je pense à des mots en P qui me rapporteraient 26 points. Ça va me faire gagner de l'argent ? Non ? Mais qui en a quelque chose à foutre ?

Les femmes. Sans carrière, sans envie et sans reconnaissance, ces 26 points sont tout ce qu'elles peuvent avoir.

Un cheeseburger, et sans diarrhée verbale

Si vous êtes pressé pour votre repas du midi, et que vous entrez dans votre restaurant préféré juste pour tomber sur une équipe de gonzesses plantées derrière les caisses, barrez-vous vite fait : vous serez forcément en retard au travail.

De Barclays au McDonald, les femmes accueillent les clients comme elles manient la concision : mal. Elles ont la tête pleine d'eau. En dix mille ans, les hommes ont mis en place une économie globale prospère, qui vient à bout de la faim et de la maladie partout dans le monde. Les femmes, par contre, ont ce qu'on appelle « l'instinct de protection » : jolie expression pour définir quelque chose de bancal que font les femmes. Un peu comme « autonome » est un joli mot qui signifie que les femmes sont des putes à 25 %, des salopes à 75 %, et des incapables à 100 %.

Laissez-nous le camping, et allez faire les soldes

Les femmes sont si nulles au camping, qu'il n'y a presque rien d'aussi pénible que d'en emmener une avec vous.

Deux, c'est mieux.

Un peu comme le serpent et sa mue, les femmes se servent de la ruse de l'égalité quand ça les arrange. Dans le cas du camping, qu'il s'agisse de monter la tente ou de fumer une bonne cigarette, la femme se la joue princesse avec plus de rapidité et d'adresse que Tommy devant son flipper (*NdT* : référence au film *Tommy*).

La saleté ou les douches pas forcément quotidiennes ne sont pas les raisons pour lesquelles les femmes détestent le camping. Imaginez la scène suivante :

Vous vous êtes accidentellement enfermé dans la chambre d'un motel merdeux, au milieu de nulle part, parce que vous avez laissé tomber une valise sur la poignée, qui s'est cassée. Il ne reste, dans la chambre, que la télévision pour passer le temps. Génial. Mais un connard avant vous l'a mise H.S. Il ne vous reste plus donc, pour vous distraire, que votre imposant cerveau de mâle.

Marrant ? Oui, tout à fait.

Mais si vous n'étiez pas un homme, ce genre de mésaventures vous ferait perdre les pédales en moins d'une heure. Les femmes sont des catastrophes ambulantes quand on les emmène camper, leur esprit n'ayant pas grand-chose en commun avec celui de l'homme, si splendide, merveilleux et toujours prêt pour l'aventure. La tête d'une femme, c'est le trou du cul du monde et une chambre d'hôtel sans poignée, et son esprit un poste de télé H.S.

Combien y a-t-il eu de femmes philosophes ? Aucune. Non seulement les philosophes doivent comprendre ce qu'ils disent, mais ils ont également besoin de rester seuls avec leurs réflexions un peu plus que quatre secondes, sans avoir à téléphoner à leurs copains pour échanger les derniers potins.

À tous les jeunes gens qui rêveraient d'une femme capable de partir camper avec eux, ou de ce genre d'idées débiles – comme d'aller boire, sortir tard ou jouer aux jeux vidéos –, pourquoi une seule ? Pourquoi pas deux ? Pourquoi pas une dizaine de femmes excessivement parfaites, capables de s'exprimer sans être des salopes ? Il n'y a pas de limites aux fantasmes qui voudraient qu'une femme soit capable de vous accompagner camper sans faire chier tout le monde, et râler tout le temps.

C'est aussi la raison pour laquelle les femmes n'iront jamais sur la Lune.

Une femme qui sait se garer ? Arrête !

Un homme sort de sa voiture, voit qu'il s'est garé comme un con, remonte dans sa voiture et se gare correctement.

Une femme se gare comme une adolescente bourrée, écrase vos pneus contre le béton, puis sort de la voiture tout en téléphonant, laissant la responsabilité de tout ce bordel à quelqu'un d'autre.

Conduire, c'est comme baiser. Les hommes prennent toutes les initiatives, font tout le boulot, et préviennent tout le monde quand c'est terminé. Qui ça intéresse, quand une femme a terminé ? C'est comme un chauffeur de bus qui parcourrait la ville en prévenant les banques qu'il est l'heure de fermer.

Un chauffeur de bus n'y connaît que dalle aux banques, et c'est la même chose pour les femmes quand elles conduisent ou se garent. Vous avez déjà observé une femme se garer ? Ça me fait mal aux couilles. En tant qu'homme, j'ai ce qu'on appelle des testicules, et j'ai mal quand je vois une femme garer une bagnole à soixante mille dollars entre deux autres bagnoles du même prix. Impossible d'expliquer pourquoi, je vous dis juste où ça fait mal, et quand.

Mais quand les femmes ont-elles pu penser qu'elles devaient conduire ? Elles sont incapables d'éviter le moindre obstacle, de sortir d'une place de parking ou d'y entrer. Le gros truc en béton qui empêche la voiture de pénétrer dans l'institut de beauté, communément dénommé « trottoir », n'est qu'un simple avertissement. Ce n'est pas, comme le croit votre grosse copine, un quai d'embarquement praticable au moment où vous titubez vers votre voiture, après la dernière tournée.

Étape numéro deux : savoir reconnaître ses torts

Contrairement aux femmes, les hommes peuvent présenter de nombreuses facettes tout au long de leur vie, sans avoir besoin de recourir aux aides gouvernementales ou aux mini-jupes.

Les hommes peuvent être excellents à l'université, devenir des hommes d'affaires de haut vol habillés avec classe, ou simplement de bons parents : un but tout aussi noble. Qui sait si votre petit ne deviendra pas un brillant scientifique, ou un magnat de l'immobilier. Ce serait l'occasion de se dire que tout ce cirque parental a finalement un peu de sens, non ?

Malgré toutes ces responsabilités, nous autres, les hommes, pouvons parfois avoir tort. Non, pas de la même façon que les femmes. Un homme a tort lorsqu'il place le couteau et la fourchette du mauvais côté de l'assiette. Rien de bien grave, vous pourrez toujours manger sans vous en mettre partout. La femme, par contre, a tort lorsqu'elle jette l'argenterie dans la piscine, qu'elle met le feu à la nourriture, tout ça pour ensuite sortir la carte « enceinte » comme si c'était un jeu.

C'est un mensonge bien trop répandu, que de croire que les hommes sont incapables d'admettre qu'ils ont tort. Ils n'arrêtent pas, putain ! Les hommes savent franchir la ligne jaune, puis s'excuser en réparant leurs erreurs. On ne se contente pas de rester assis à chialer et à morver sur tout le monde.

Les hommes savent reconnaître qu'ils se trompent, puis se rattrapent. J'ai racheté aux gens tellement de téléphones portables, que je ne suis même plus sûr d'être celui qui les avait bousillés. C'est pourtant ce que tout le monde dit, alors ça doit être moi, l'enculé.

Pour une femme, avoir tort fait partie d'un processus en deux étapes. La première consiste à tout faire merder, et là, elles assurent. Des diplômes sans valeur en Histoire aux lettres ambiguës à des correspondants pénitentiaires, elles gagnent haut la main. L'étape suivante consiste à l'admettre. C'est là que le parcours mensonger de la femme se transforme en rivière de larmes et de morve.

Les femmes foutent tout en l'air, et il faut l'intervention d'un homme pour limiter les dégâts avant qu'elles se mettent à hurler. Quand la femme ouvre à nouveau les yeux, tout a été réglé si rapidement, qu'elle pense que rien n'est arrivé. C'est le principe des projecteurs de cinéma. Entre deux bobines, le temps est aussi court que l'illusion de vie des femmes. Merde... j'ai pris mon pied tout seul.

Mille contre un sur « comment foutre ma vie en l'air »

Non. Aujourd'hui, on mise sur les vainqueurs.

Et la réponse est : c'est la façon la plus simple de foutre ta vie en l'air.

Tout le monde connaît le dicton : « Ne laissez jamais un chauve vous couper les cheveux. » Ça fonctionne comme dicton parce que le mec est chauve et que c'est marrant, mais c'est surtout perspicace et bien vu.

Je vous propose un dicton du même genre que je suis sur le point d'inventer, à partir du même principe consistant à prendre quelqu'un sans repère, ni le moindre indice, et lui faire faire quelque chose qu'il n'aurait absolument *jamais* dû faire, un échec cuisant en étant forcément l'issue.

Vous êtes prêts ?

Ne demandez jamais de conseil relationnel à une femme.

Demandez-lui d'abord des conseils juridiques, avant tout le reste. Puis réclamez une carte « Sortez de prison », parce que c'est là où vous allez vous retrouver, bande d'idiots ! Les femmes n'ont pas la moindre idée de la façon dont se comporter en termes relationnels. Elles ne savent ni par où commencer, ni comment finir. Une fois que vous savez ça, vous comprenez mieux l'affirmation de départ.

Les femmes sont même incapables de mener de front vie professionnelle et vie privée. Bordel, mais les hommes font ça depuis la nuit des temps, depuis que le premier d'entre eux a eu faim. Ils ne se sont pas regardés les uns les autres en se disant : « Ben, comment on va faire pour baiser avec toutes ces femmes si en même temps on a faim ? Je laisse tomber ! »

Aucun dicton ne dit : « Ne laissez pas les poux venir à bout de vos cheveux. » C'est dégueulasse, et personne ne le dira jamais. Pourtant, la comparaison n'est pas si mauvaise : laisser les poux vous bouffer les cheveux, c'est comme écouter une femme qui vous explique comment consolider une relation.

Faites vous-même l'expérience. Imaginez un problème dans une relation, quelque chose de simple avec une solution facile. Adressez-vous ensuite à la femme la plus proche, et demandez-lui de vous aider. Si elle ne fait pas partie de votre famille, elle essaiera d'abord de baiser avec vous, sur-le-champ. Les femmes, tels des chiens, sont conditionnées à répondre sexuellement aux mots suivants : communication, respect, soutien, nourriture, Napa Valley (*NdT* : région viticole californienne).

Je vous donne un exemple de problème relationnel simple, au cas vous auriez mieux à faire que perdre votre temps à imaginer de faux problèmes. C'est ce que font tous les jours les mères de famille, et c'est pour ça que rien n'est jamais prêt.

Ma femme a un problème avec l'héroïne, que dois-je faire ?

Si une femme qui épelle un mot vous fait déjà mourir de rire, ne bougez pas, et profitez au maximum de la tornade d'idées toutes plus débiles les unes que les autres qui arrive. Les femmes sont les gauchistes folles de Dieu. Les mots pleuvent, et c'est le délire et la bêtise à tous les étages, du moment qu'on entend « amour vrai » et « âme sœur » au moins une centaine de putains de fois. Les femmes ornent ces concepts idiots comme des illuminations de Noël autour de n'importe quelle connerie. Elles peuvent appeler ça un sapin de Noël autant de fois qu'elles le veulent, le Père Noël ne voudra récupérer ni gâteaux, ni lait, sous un tas de merde.

Tout homme à qui on poserait cette question n'y répondrait même pas. Il se contenterait de vous emmener à la gare, et de vous acheter un aller simple pour où vous voulez. Les femmes n'arrivent pas à comprendre que lorsqu'on se retrouve coincé entre un rocher et une impasse, il faut couper les liens et foutre le camp. Le bateau coule, mais pas les bouées de sauvetage.

Donc, le moyen le plus simple de foutre votre vie en l'air :

Qu'est-ce que « demander conseil à une femme » ?

Par chance, j'ai tout parié sur un vrai vainqueur.

Les femmes sont nulles à Jeopardy!

La dernière fois que j'ai vu une femme jouer à *Jeopardy!* (*NdT* : en gros *Questions pour un champion*, avec plus d'argent en jeu), elle n'est même pas arrivée en finale, car elle n'avait plus un centime !

D'une certaine façon, j'étais ennuyé pour elle, mais je fus encore plus ennuyé pour moi d'être privé d'une soirée d'*entertainment* si viril, que seules trois manches acharnées de *Jeopardy!* peuvent procurer. Avec une femme candidate, *Jeopardy!*

n'est ni acharné, ni en trois parties. C'est juste une énième occasion pour les hommes de battre les femmes à plate couture, de les ridiculiser, et un jour de plus dans une guerre des sexes qui oppose une partie armée d'exécrables opinions à une autre équipée en missiles nucléaires. *Jeopardy!* avec une femme, c'est comme une grosse cacahuète à moitié vide.

Dick analyse Jeopardy! de plus près

J'ai calculé, statistiquement, le rôle que les femmes ont joué dans les championnats de *Jeopardy!* à partir des données disponibles, entre 1985 et 2000. Le Tournoi des Champions du *Jeopardy!*, c'est comme la Coupe du Monde du savoir. Si vous voulez connaître le meilleur smasheur au basket, vous organisez un tournoi. Si vous voulez savoir qui, de l'homme ou de la femme, est le plus intelligent, vous organisez un tournoi sur des putains de connaissances. C'est si compliqué que ça ? On pourrait aussi avoir une compétition du genre « Changez un putain de pneu », mais quel intérêt ?

Les femmes pensent que « dévisser vers la gauche », ça évoque un mec du lycée à qui elles ont taillé une pipe.

Les femmes sont 13 % de championnes au *Jeopardy!*

Les femmes sont 16 % de finalistes au *Jeopardy!*

Sur les deux fois où une femme a gagné le Tournoi des Champions du *Jeopardy!*, pour l'une d'elle, ce fut à un dollar près, donc ça ne compte pas. J'ai déjà trouvé un billet de dix dollars dans la rue, et ce n'est pas pour ça que je sais de quoi est constitué le savon, ou quelle civilisation ancienne a inventé la levure.

Et la réponse est : c'est comme si votre bite se transformait en éclair à la framboise.

Quelles sont « les chances pour une femme de se retrouver championne au *Jeopardy!* » ? Est-on d'ailleurs vraiment obligé de préciser « au *Jeopardy!* » ?

J'ai encore parié tous mes points. Je pète le feu !

	Quart-de-finalistes femmes	Demi-finalistes femmes	Finalistes femmes	Gagnantes femmes ?
1985	3/15	1/9	0/3	aucune !
1986	0/15	0/9	0/3	aucune !
1987	0/15	0/9	0/3	aucune !
1988	4/15	3/9	1/3	dernière
1989	3/15	2/9	0/3	aucune !
1990	2/15	1/9	0/3	aucune !
1991	3/15	1/9	0/3	aucune !
1992	2/15	2/9	0/3	aucune !
1993	6/15*	4/9*	2/3	aucune !**
1994	3/15	2/9	1/3	d'un dollar
1995	1/15	0/9	0/3	aucune !
1996	N/A	3/9	0/3	aucune !
1997	5*/15*	4/9*	1/3	aucune !
1999	4/15	1/9	1/3	dernière
2000	6/15*	2/9	1/3	tout juste
	20 %	19 %	16 %	

* deux femmes présentes lors du même jeu.
** il aurait suffi d'un homme.

Les femmes sont insupportables, mec… euh… mec ?

Tootsie, avec Dustin Hoffman dans le rôle principal, était plutôt un bon film. *Madame Doubtfire* et *Ladybugs* aussi. Quel est le point commun entre les trois ? Des mecs travestis.

Chez les Monty Python, il y a aussi des mecs travestis. Et c'est hilarant.

J'avais déjà vu des femmes travesties, avant, et c'était toujours assez raté. C'est facile de repérer une femme travestie, car elle joue horriblement mal, et ne pige rien à ce qui se passe dans le cerveau d'un homme. En général, on voit des femmes habillées en hommes quand un couple de « lesbiennes » arrive en ville, l'une des deux faisant comme si elle était un mec.

Parfois, pourtant, il arrive que ce soit simplement une femme moche, qui donne l'impression d'essayer de ressembler à un homme. J'en ai déjà croisé plusieurs, des comme ça. Au début, ça m'a mis mal à l'aise, mais qu'est-ce que j'ai à voir là-dedans ! Si vous êtes une femme et que vous ressemblez à un homme, mettez un petit nœud dans vos cheveux, par exemple. On ne confond jamais Mme Pac-Man avec son mari.

Vous connaissez le proverbe « Ne jugez pas un homme avant d'avoir parcouru un kilomètre avec ses chaussures » ? Moi oui, et ça veut dire que les hommes marchent. Jamais vous ne ferez un kilomètre avec des chaussures de femme : toute la journée, les femmes font du shopping, et rêvassent. Au maximum, ça représente un demi-kilomètre de marche ! Il n'y a rien d'autre dans toute la vie d'une femme. Même celles qui ont un travail rêvassent deux fois plus que les autres, en pensant au shopping qu'elles n'ont pas eu le temps de faire.

Chaque jour, la femme se réveille, rêvasse pendant huit heures, puis va faire du shopping, revient, rêvasse encore un peu, puis va se coucher sans même se laisser baiser. Bon Dieu, mais qu'y a-t-il à comprendre, là-dedans ?

Les hommes sont meilleurs que les femmes pour le travestissement. Il suffit de se vider la tête, pour se comporter comme une femme. Elle, par contre, devrait faire entrer dix kilos de cerveau dans un crâne de cinq kilos. Peu probable.

Qu'ont en commun le Super Bowl, la boxe et le catch ?

Les hommes ont deux façons de tout faire. Soit nous agissons aussi clairement et rapidement que possible, comme une Corvette sur le capot de laquelle serait peint un Jimmy Page rajeuni – grandiose ; soit on ne fait rien du tout.

Les hommes portent des bijoux avec autant de classe que lorsqu'ils célèbrent leurs superbes athlètes de fils, ou qu'ils traversent la crise de la quarantaine. Quand ça arrive, tout le monde est au courant et a intérêt à remarquer qu'il se passe un putain de truc important. La ceinture titre du championnat mondial de catch pèse plus de trois kilos. Il va falloir vous y faire.

Qu'est-ce qui vous vient à l'esprit quand vous pensez à une bague ? Sans doute un petit truc doré et bon marché avec un diamant, accroché à une ancre de 75 kilos qui vous plonge dans des abîmes de désespoir.

L'ancre est une métaphore pour la femme qui la porte.

Des matières étonnantes, rares et superbes, comme l'or ou le rubis, sont ruinées par la façon ostentatoire et consumériste dont les femmes les portent. C'est pour ça que vous ne verrez jamais un homme saliver devant des bagues de fiançailles, début février, dans une galerie marchande. Par nature, l'homme n'aime pas ce qui est trop voyant.

Une bague pour homme, c'est le raffinement ultime. Forcément.

Qu'ont en commun le Super Bowl, la boxe et le catch ? Des hommes énormes qui se comportent mal, portant de grosses bagues qui valent la peau du cul. C'est à ça que ressemble un bijou pour homme.

CHAPITRE 3
MYTHES ET TRADITIONS

En écrivant ce livre, j'ai entendu bon nombre de conneries de la part de gens affirmant que j'avais tort. C'est aussi ce qui était arrivé à Copernic. Et à Jésus.

Cette partie a pour but de venir à bout des mythes féminins les plus coriaces sur le sexe fort.

L'accouchement : pas de quoi en faire tout un plat

Une femme qui accouche, c'est comme un poulpe qui crache son encre contre un requin affamé. Si ce n'est que notre poulpe tient le portefeuille du requin avec tous ses tentacules, et porte un maquillage outrancier sur tout le visage.

Je me permets de citer au hasard l'un des trois milliards écrivains les pires au monde aujourd'hui :

« Vous vous trouvez si forts, les hommes ? Essayez de faire sortir quelque chose de la taille d'une pastèque d'un trou de la taille d'un citron, également appelé vagin ! »

Signé : n'importe quelle femme au monde.

Description élégante, mais inexacte, de l'accouchement.

Un accouchement, qu'il soit totalement répugnant ou non, est quelque chose de beau. Si c'est un petit garçon, on peut avoir la chance d'assister aux premières minutes du prochain Picasso, ou Pavarotti. Si c'est une petite femme, c'est sûrement intéressant aussi. Cela étant, en tant qu'homme, je ne m'abaisserai jamais au point de mettre sur le même plan un accouchement et je ne sais quelle compression perverse d'un aliment qui passerait par un trou de la taille d'un autre aliment. C'est d'une vie humaine que l'on parle ici, ou d'une salade de fruits ?

Un bébé n'est même pas de la taille d'une pastèque. Il serait plutôt de celle d'un gros melon. Est-ce qu'il m'est déjà arrivé de presser quelque chose de la taille d'un gros melon, pour le faire passer par une autre chose, de la taille d'un melon classique ? Oui, et vous pouvez me croire.

Ça s'appelle enfiler un tee-shirt. Je n'ai jamais entendu mon tee-shirt se plaindre de ma tête parce qu'elle aurait la taille d'une pastèque, ce qui n'est pas le cas, bien qu'elle soit quand même plus grosse que le trou du cou de mon tee-shirt.

La mère moderne est tellement camée à la morphine, et à toutes les attentions qu'on lui manifeste, qu'elle confond son mari avec une aide-soignante. À l'époque napoléonienne, pour lutter contre la gangrène, on coupait les bras et les jambes des hommes sans anesthésie, et à la scie. Que vaut-elle, maintenant, votre mignonne petite comparaison maraîchère ? On vous a déjà coupé la moitié d'une jambe de la taille d'un concombre géant, avec une carotte qui était en fait une scie rouillée ? Ça, c'est la douleur qu'endure un homme.

Moi, Dick Masterson, je viens d'abroger le 19e amendement

De nombreux hommes (et de femmes qui veulent coucher) me demandent pourquoi les femmes ont le droit de vote. Et comme en effet, elles l'ont, pourquoi un genre de maillet de croquet énorme, de la taille d'une planète, n'a-t-il pas dégagé la Terre pour la faire s'écraser sur le Soleil ?

La Terre va si bien parce qu'en réalité, elles ne l'ont pas, le droit de vote. Elles ne l'ont jamais eu, et ne l'auront jamais.

Récemment, j'observais une jolie fille qui tentait de faire asseoir son chien, parce qu'elle l'avait décidé. Cela ne m'a pas surpris qu'elle n'y arrive pas. Les jolies femmes ne savent rien faire. C'est pour ça que les femmes sont si fières d'être idiotes. La bêtise, chez les femmes, est directement liée à leur sex-appeal. Vous ne verrez jamais un homme demander à une jolie fille de s'asseoir, puis lui dire : « Tu ne sais rien sur rien, alors ferme ta gueule. » Les jolies filles ne méritent pas cela, et les hommes ont cette petite chose en plus qui s'appelle la sensibilité, surtout quand il y a un joli cul pas loin.

Quand un homme dit à un chien de s'asseoir, il se magne le cul de le faire. C'est instinctif, ils savent qui est qui. Un chien entend l'ordre, et obéit. Appelez ça une décision si vous voulez, ce n'est pas pour autant que ça en sera une.

Les femmes n'ont aucunement le pouvoir de voter, ce sont leurs maris qui le font pour elles. Tout comme ceux qui ont une petite amie. Les pères des grosses lycéennes comptabilisent autant de votes qu'ils peuvent acheter de cheesecakes, soit une putain de quantité, parce que les cheesecakes ne sont pas chers quand on les achète par lots.

Les chiens n'ont pas vraiment le choix, s'ils doivent manger les patates qui sont tombées par terre, c'est juste un moyen plus simple pour les hommes de nettoyer le sol de leur cuisine – ce qui devrait être le boulot des femmes si elles n'étaient occupées à voter.

Les femmes détestent les gentils garçons ? Ça m'étonnerait

Les femmes détestent les gentils garçons ? C'est encore plus bête que *Les Monologues du Vagin*. Les femmes adorent les gentils garçons !

Posez-leur la question :

Quand votre voiture a calé au milieu d'un carrefour embouteillé, qui vous a aidé à la garer sur le côté ? Un gentil garçon. Quand vous aviez quelque chose de lourd à balancer derrière une station-service, comme un canapé ou votre grosse coloc' en coma éthylique sur votre banquette arrière, parce qu'elle en a trop fait pour impressionner toutes ses putes de copines, qui vous a aidé ?

Un gentil garçon.

Est-ce qu'un homme a déjà mangé la moitié de votre pizza, pour ensuite dire « désolé, je suis très mauvais en maths », avant de payer sa part parce que *Cosmo* a dit que c'était sexy ? Bien sûr que non.

C'est une façon totalement insupportable de se comporter, et les hommes sont très au-dessus de ça. Et si, vraiment, c'est déjà arrivé à un homme de le faire, c'était forcément très drôle.

Dans la vie, un homme est toujours prêt à venir en aide. Il ira même jusqu'à aider une femme, ce qui est bien la preuve suprême de son indéniable gentillesse. Une femme ne manifestera jamais aucune gratitude pour ces services rendus. À chaque fois qu'un homme aide une femme, il le fait à peu près pour rien. Elle se contentera de rester plantée là, maladroite, tenant à la main son portable déchargé, tout en expliquant *ad nauseam* comme la vie ne l'a pas préparée à affronter ces moments-là. Comme s'il fallait qu'elle précise l'évidence !

Les femmes détestent tellement les homos que ça n'en est même plus drôle

Hier, j'allais faire les courses, en fumant un énorme cigare cubain comme j'aime le faire les jours qui terminent en « -di », et je suis passé à côté d'une femme qui hurlait après son chien, parce qu'il lui avait échappé et commençait à fouiller dans une poubelle.

Toujours prêt à aider, j'ai rapidement expliqué à cette femme que son chien n'avait pas la capacité de comprendre son point de vue, et que c'est l'une des raisons pour lesquelles on demande aux gens de les tenir en laisse : pour éviter ce genre d'incidents.

La femme me répondit avec une grande vulgarité, que je n'oserai reproduire ici, car c'était franchement insultant pour les homosexuels. Elle partit ensuite comme une furie. Je me suis alors posé une question :

Pourquoi toutes les femmes détestent-elles autant les homos ?

Les femmes vous balancent à la figure leurs insultes anti-homos, avec la même hargne que le renard qui déchiquette un nid de guêpes. C'est tout juste si elles ne se bavent pas dessus, quand elles considèrent avoir trouvé le meilleur épithète homophobe à éructer. Répugnant.

Quand je dis « homosexuel », je dois préciser qu'évidemment, j'entends par là les hommes gays. Les femmes homosexuelles, ou « lesbiennes », ne font que simuler. C'est facile à voir, car elles passent leur temps à proclamer haut et fort leurs inclinations sexuelles, un peu comme l'écolier malicieux insiste pour dire qu'il n'a pas triché au Monopoly, alors que son mensonge crève les yeux. Les « lesbiennes » veulent juste qu'on s'intéresse à elles, et qu'on les perçoive autrement que comme des ratées, avant de retourner chez leurs parents, nourries, logées et blanchies pendant vingt-six ans.

Ensuite, par un tour de passe-passe malhonnête, les femmes ne cessent de déclarer que les gays sont ce qui a été inventé de mieux depuis le pain en tranches. Pourquoi ? Parce que les homos aiment le shopping, et savent écouter.

Écouter ? Les femmes en connaissent aussi bien le sens qu'un cul sait jouer de la flûte.

Lorsqu'elles ne les couvrent pas de honte, dans leur dos, avec des calomnies anachroniques, ce que les femmes attendent en réalité des gays, c'est qu'ils supportent leurs monologues sans fin, aussi absurdes que pleurnichards, sans jamais avoir à en faire autant.

Les femmes détestent les bébés

Vous vous souvenez de ce livre écrit par Hillary Clinton, *Il faut un village entier pour élever un enfant* ? Je ne sais plus si c'est le titre exact, et ça m'est égal. Mais l'idée est simple : une femme est incapable d'élever ses enfants toute seule.

Et ce film, *Trois Hommes et un Couffin* ? Là, je me souviens parfaitement du titre, parce que c'est un putain de bon film.

Trois hommes, c'est moins qu'un village entier de femmes. Ce qu'on apprend dans *Trois Hommes et un Couffin*, et, dans une certaine mesure, aussi dans *Tels pères, telle fille* (*NdT* : la suite américaine), c'est que les hommes savent élever les enfants tout en ayant un travail à temps complet, sans avoir à laisser tomber leurs hobbies, comme picoler ou jouer au bowling, et en ayant encore du temps pour draguer et s'épanouir dans leur supériorité.

Les femmes détestent les bébés et les enfants. Une bonne façon de savoir si une femme vous a dans la peau, c'est quand elle vous traite comme un enfant. Lorsque les femmes braillent et hurlent, elles sont au niveau 5 sur l'échelle (inventée par moi-même, Dick Masterson) de la « Tirade Féminine Furieuse et Enragée » (*NdT* : en v.o., « Feminine Anger and Rage Tirade », soit « FART » : le pet).

La punition par le silence est au niveau 1 de mon échelle. Ça peut durer une semaine, jusqu'à ce qu'elle comprenne que le silence est la façon la plus bête au monde de montrer à un homme qu'on lui en veut. Fermer sa gueule à côté d'un homme, c'est comme lui offrir dix pipes à la suite. Bon anniversaire !

Le niveau 2 est atteint lorsqu'une femme vous parle comme à un enfant, ce qui s'apparente à de la condescendance, proche d'une démence refoulée. Là, vous savez que vous l'avez vraiment gonflée, car les femmes se comportent avec les gens qu'elles détestent comme avec les enfants, qu'à l'évidence, elles détestent tout autant.

Le chat fait « miaou », et la conne fait...

On a tous entendu : « Une femme méprisée est plus à craindre que toutes les Furies vomies par l'Enfer. »

Encore un putain de mythe.

Vous vous souvenez sûrement quand tout le monde n'arrêtait pas de vanter les mérites des beignets Krispy Kreme. Il était impossible de faire un pas sans entendre quelqu'un dire comme ils fondaient délicieusement dans la bouche, ou de tomber sur une discussion sur la durée exacte nécessaire pour bien les réchauffer au micro-ondes. Les Krispy Kreme sont bons, mais ce ne sont jamais que des putains de beignets. Un peu comme les femmes et cette histoire de mépris. C'est vrai que les femmes se sentent rapidement agressées. Merde, elles n'arrêtent pas de tout prendre mal. La colère des femmes, c'est le baromètre de la vérité et nous, les hommes, sommes capables d'être d'authentiques enculés. Mais au bout du compte, ce ne sont que des femmes. Qu'est-ce qu'elles pourraient faire de plus ?

En Enfer, on vous enfonce des tisonniers brûlants dans le cul. La pire chose qu'une femme puisse vous faire subir, c'est de s'arranger pour que toutes ses copines aient envie de baiser avec vous. Quand une femme est de mauvais poil, la première chose qu'elle fait, c'est de ne plus dire un mot, comme si elle savait ce qui est bon pour elle. Pourquoi fait-elle ça ? Est-ce que c'est pour réfléchir un instant à ce qu'elle a pu faire ou dire d'horrible juste avant ? Est-ce qu'elle veut se pencher sur ses erreurs passées, pour tenter d'expliquer la situation actuelle ? Est-elle sur le point de s'excuser ?

Ne soyez pas idiots. Elle se tait parce qu'elle est rancunière. Ce qu'une femme méprisée peut faire de plus, c'est vous punir de son silence. Putain, mais depuis l'âge de douze ans, je demande ça au Père Noël ! Si, parmi ceux qui me lisent, certains ont fait quelque chose pour offenser une femme, qu'ils ne se gênent pas pour m'en tenir responsable. Ainsi, si par le plus grand des hasards je tombais sur l'une d'elles, on serait déjà certains de ne pas s'adresser la parole. Parfait ! Un après-midi à ne pas se plaindre... Il ne me semble pas que soit comme ça que la Bible décrit les Furies de l'Enfer. Quand elle se sent méprisée, une femme dit aussi à toutes ses copines que vous êtes un sale con. Vous savez quoi ? Je vous offre mon échelle complète du « FART ».

L'échelle du « FART » de Dick Masterson

1 : La punition par le silence
2 : Vous traiter avec condescendance comme sa mère le fait avec elle, ce qu'elle déteste
3 : Parler fort à sa mère, au téléphone, dans la même pièce que vous
4 : Ne plus s'épiler
5 : Les maux de tête
6 : « Je ne suis pas certaine d'avoir pris ma pilule, aujourd'hui »
7 : Dire à toutes ses copines que vous êtes un sale con
8 : Allumer les mecs à son boulot
9 : L'anorexie
10 : La boulimie

La prochaine fois qu'une femme est en colère contre vous, consultez cette liste pour savoir quel est votre degré d'honnêteté sur une échelle de 1 à 10. Et n'oubliez pas que vous êtes un homme : vous n'avez rien fait de mal.

Même si on lui demande, un homme ne sera jamais l'égal d'une femme quand il s'agit de foutre la merde. Ce serait comme demander à quelqu'un de parfaitement alphabétisé de faire soudainement semblant de ne pas savoir lire. Il aura beau essayer, un panneau « Stop » ne ressemblera jamais à un fatras de conneries.

Des proverbes comme « Une femme méprisée est plus à craindre que toutes les Furies vomies par l'Enfer » sont inventés pour faire peur aux enfants, et les obliger à respecter quelque chose qui n'existe pas. Mépriser une femme, c'est comme la masturbation. C'est marrant, il y a toujours une nouvelle façon de s'y prendre, et ça n'a aucune conséquence. Vous n'allez pas devenir sourd. Elle ne va pas balancer votre voiture du haut d'une falaise, ni ruiner votre réputation. Faites-le autant que vous voulez, évitez juste que ça se passe sur votre lieu de travail.

Exactement comme la masturbation, je vous dis.

Les femmes sont dingues des utérus !

Les femmes et leurs caquetages inutiles sont comme les Chinois en Chine. Il y en a des milliards, chaque jour des nouveaux, et il sera toujours impossible de tous les recenser.

Si vous vouliez le faire, il vous faudrait commencer avec ça :

Les femmes épuisent la société et la patience de tous, mais compensent en nous offrant des enfants.

C'est le jour des contraintes ? Oui !

Si avoir un bébé compensait quoi que ce soit, alors n'importe quel homme au monde pourrait simplement descendre un piano au milieu de la rue au lieu de payer ses impôts.

Cet homme imaginaire, car incapable de réfléchir, dirait : « Hé, j'ai pompé des putains de quantités de ressources à tout le monde, en bloquant les rues ou en pollution sonore.

Mais plutôt que de produire quelque chose de bien pour les autres, je vais juste amener ce truc au milieu de la rue, d'une façon totalement irresponsable, et vous laisser vous débrouiller avec ça. »

Il n'y a rien de plus simple au monde que de s'occuper des bébés. C'est pour ça que c'est payé que dalle. C'est la seule tâche qu'un être humain n'a jamais eu à apprendre. Enfin, ça, et chier.

Les femmes peuvent avoir des enfants. Génial. Ça ne les rend pas pour autant plus égales aux hommes. Mais ça les rend plus dangereuses. Aussi dangereuses qu'un gamin avec une crosse de hockey et un bandeau sur les yeux, qui se croit dans un magasin de piñatas.

Pour ceux qui ne sauraient pas ce qu'est un magasin de piñatas, c'est un endroit où le gamin devient totalement dingue, court partout et frappe dans absolument tout sans se soucier des conséquences – ni même de vos couilles.

Les manginas sont mes héros

Les hommes féministes, ou « *manginas* » comme ils préfèrent s'appeler, sont tellement misogynes qu'ils font passer Andrew Dice Clay (*NdT* : comédien et humoriste également *très* provocateur) pour la Petite Sirène. La Petite Sirène, c'est le personnage du dessin animé de Disney qui a des coquillages sur les nichons.

Tous les hommes n'ont pas forcément de l'argent, une belle gueule, du talent, de l'esprit, du charme, du charisme, des choses intéressantes à dire, de la culture, des dons, des capacités athlétiques, une perspicacité politique, du machisme, la capacité d'ingurgiter des quantités inhumaines de nourriture et autres produits non toxiques, le sens du style, de l'aisance, des jeux vidéo, une chouette voiture, un spa ou une connaissance profonde de tout. Tous les hommes, cependant, restent des hommes. Ils ont besoin de baiser, et trouveront toujours un moyen d'y arriver.

Comment, alors, font ces autres hommes pour séduire les femmes ? En s'attaquant au domaine où les femmes ont échoué depuis trente ans ; en devenant féministes.

Les *manginas* sont mes héros. Ils s'opposent au combat lancé par les femmes sans aucune raison, et qu'elles ont définitivement perdu. Qui d'autre qu'un homme pourrait convaincre une femme qu'être un homme féministe est non seulement possible, mais que ce n'est pas non plus ce qu'il y a de plus phallocrate dans toute l'histoire de l'humanité ?

Je vais vous dire qui : personne ! Mais les hommes ont réussi. Ils sont comme des maîtres de l'hypnose, quand il s'agit de convaincre les femmes de ce qu'ils veulent, et de ce qu'elles doivent penser sur n'importe quel sujet. Les *manginas* sont les plus grands et les plus ingénieux des misogynes.

C'est parfaitement naturel et viril, pour un homme, de s'abaisser jusqu'à dégrader sa propre image juste pour coucher. Les hommes n'ont pas besoin qu'on leur donne une petite tape sur le cul pour avancer dans la vie. Nous sommes nés avec notre bite et notre dignité, et ni l'une ni l'autre ne pourra nous être enlevée. On n'a pas besoin d'une écharpe officielle qui rappelle tous nos exploits, et nous irrite le cou. C'est bon pour les filles scouts, et tout ce qui m'intéresse, chez elles, c'est quand elles vendent leurs cookies (*NdT* : « cookie » est également un terme argotique pour le sexe de la femme).

En ce qui me concerne, je n'ai rien contre la misogynie – ou qu'importe le nom qu'on lui donne. Je ne me définis pas comme misogyne, mais c'est un peu comme ne pas appeler un carré un rectangle.

Les *manginas* sont parmi les hommes les plus virils au monde, car ils savent au plus profond d'eux-mêmes que les femmes sont incapables de se battre sans qu'une main masculine ne les soutienne fermement par le cul. C'est un retour à l'époque de la chevalerie, lorsqu'on entendait : « Ma jolie, si tu veux que quelqu'un prenne tes droits au sérieux, ferme-la et laisse les hommes parler. »

Les lesbiennes sont des putains de simulatrices

Une femme qui passe à l'action, c'est comme si on lançait une fusée de détresse pour changer de chaîne quand la télécommande ne marche plus. On vise le bouton à plus de trois mètres en sachant très bien ce qui va se passer. Ça va partir en feu où ça veut et sans raison. Comme une femme quand il s'agit d'être gay.

Savez-vous combien de femmes ne sont pas « lesbiennes » ? Aucune. Ne cherchez même pas à leur poser la question, elles vous mentiront toutes, sauf si elles passent à la radio. Le truc, c'est que toutes les femmes ont eu une ou plusieurs expériences avec une personne du même sexe ; ou l'ont fantasmé, ce qui en fait des gays. Toutes les femmes sont donc « lesbiennes » – toutes et aucune.

Dans une « relation lesbienne », qu'importe la simplicité de la question, la femme doit y répondre. C'est foutu d'avance. C'est sans doute pour ça que les « lesbiennes » aiment tant les énormes culs.

Aucune relation ne peut se fonder sur les décisions d'une femme. Tout le monde sait ça. Tous les gouvernements, tous les textes religieux l'ont toujours dit. Simulatrices !

Bavarder, c'est facile

En tant qu'homme, vous avez peut-être entendu ce dicton : « Bavarder, c'est facile. »

C'est vrai.

Vous avez peut-être aussi entendu celui-ci :

« Un homme se sentait intelligent. Deux hommes se sentaient intelligents. Trois hommes sentaient mauvais » (en v.o., c'est une contrepèterie intraduisible : « felt smart » devient « smelt fart » : « sentaient le pet »).

C'est également vrai.

Les mots ne valent vraiment presque rien, ils n'ont aucune valeur. C'est pour ça que les femmes n'arrêtent jamais de parler, en prenant ça tellement au sérieux.

La journée d'un homme est entièrement consacrée à l'action. Nous allons travailler, nous signons des contrats, nous avons des réunions. Putain, *mais oui*, et on se défonce comme des enculés ! Les femmes ne font que parler sans fin. Ça n'en fait pas pour autant de bonnes communicatrices, et on dirait surtout des perroquets incapables de se taire.

Un film vaut mieux qu'un long discours, parce que c'est un film d'actions qui se succèdent.

Et « un tiens vaut mieux que deux tu l'auras » ? Il vaut bien mieux être sûr d'obtenir une chose, que de rester assis à discuter de deux. Tu l'auras... tu parles !

C'est pourtant ce que font les femmes. Leur vie n'est faite d'aucune action, ni d'aucune philosophie. Tout ce qu'elles savent faire, c'est tout prendre avec beaucoup trop de sérieux.

Deux poids, deux mesures ? Non !

« Un homme qui couche à droite et à gauche, pas de problème, mais lorsqu'une femme fait la même chose, c'est une pute ! »

Vraiment, je déteste parler aux femmes. C'est comme se balader dans l'enclos des éléphants avec un bandeau sur les yeux. À tout moment, on risque de marcher dans une merde grosse comme un paquetage.

C'est le « deux poids, deux mesures » !

C'est surtout le « deux poids, deux conneries ». C'est un problème pour les hommes de coucher à droite et à gauche. Ça veut dire coucher avec des thons et des grosses. Notre virilité en prend un coup. Et les hommes n'en ont rien à foutre, que les femmes fassent la même chose, sauf s'il s'agit de leurs filles, de leurs sœurs ou de leurs mères.

Là, ça nous fait du tort.

Comme pour tout le reste, quand les femmes parlent de sexe, elles ne pensent qu'à elles-mêmes.

Les femmes aiment les baiseurs autant que l'oxygène dont elles ont besoin. Dire à une femme que vous avez couché avec des centaines de filles est la meilleure façon d'emballer.

La seule raison pour laquelle les femmes pensent que c'est un problème, pour elles, de coucher à droite et à gauche, c'est qu'elles gobent tout ce que les hommes leur racontent.

« C'est un problème, pour les femmes, de coucher facilement. »

« C'est la première fois que ça m'arrive. »

« Je te respecte entièrement. »

Ne me faites pas rire. Vos mensonges sont trop évidents. Le respect, ça se gagne. Aucune femme n'a jamais rien gagné de sa vie. Les femmes, on les achète et on les paie, c'est pour ça qu'elles répondent toujours si favorablement à ce genre de propositions :

« Je vous emmène dîner ? »

« J'adorerais. »

Vous êtes des prostituées. La femme qui profite d'un repas gratuit, avant d'enchaîner sur la relation sexuelle qui va avec, n'est ni rusée, ni autonome. C'est juste une mauvaise pute qui ruine le travail des bonnes putes. Une fois payées, vous vous sentez coupables. Vous ne me croyez pas ? Demandez à un putain de flic. Si ça, c'est pas du deux poids, deux mesures...

Le sport est le meilleur ami de la femme. Elle déteste ça

Vous pensez avoir gagné à la loterie parce que votre femme aime le sport ? Pensez-y à deux fois : toutes les femmes détestent le sport. La seule chose qu'elle aime, c'est vous faire croire qu'elle adore ce qu'elle ne supporte pas. C'est pour ça qu'elle « adore » le sexe.

Je vais vous raconter une histoire sur le premier homme primitif. Un jour primitif, le premier homme primitif se dit : « Putain ! Les femmes sont si ennuyeuses. » Puis il fabriqua un panneau primitif, qui signifiait : « Aucune femme autorisée à entrer dans cette caverne aujourd'hui. » Ce jour-là, le premier homme primitif se sentit piégé par les femmes.

Les femmes n'ont aucun respect pour rien, et surtout pas pour elles-mêmes. Elles n'ont en particulier aucun respect pour le sport.

Celles qui déclarent s'y intéresser sont des menteuses qui ne recherchent qu'un peu d'attention. Lorsque je parle de « sport », je pense au baseball ou au football, bref à des sports pratiqués par des hommes. Le foot ou le hockey féminin, comme le softball, que l'on joue sans réserves de bière, ne sont pas des sports (*NdT* : allusion au « kegball » étudiant, où deux équipes s'affrontent pour une sorte de baseball, en plus violent, toujours une bière à la main, et devant la finir cul sec avant d'en prendre une autre à chaque étape. Que les meilleurs buveurs gagnent...).

Strike un

99 % des femmes n'ont plus bougé leur cul depuis *avant* la puberté. À l'âge de douze ans, elles abandonnent toute activité physique, et débutent une longue vie consistant à prendre des poses dans de moelleuses ottomanes, tout en se lançant des remarques perfides les unes aux autres. Dès qu'il s'agit de sport, elles n'ont strictement aucune référence.

Strike deux

Vous n'êtes pas alcoolique si vous ne buvez pas vous-même. C'est la même chose pour les fans de sport. C'est très bien de hurler et d'applaudir au bar vêtue d'un petit débardeur, ça permet à une centaine de mecs de savoir que vous êtes là, mais est-ce qu'une femme a déjà eu le logo des Sharks de San José (*NdT* : équipe professionnelle de hockey sur glace) sur ses sous-vêtements, sans que personne ne soit au courant ? Non.

Strike trois

Écoutez une femme après la victoire de son équipe sportive préférée.

« Ils ont gagné ! »

Ils ? Putain, *ils* ?

Un homme dit : « Nous avons gagné ! »

Nous avons gagné. C'est pour ça que les femmes détestent le sport.

Cette petite amie, elle est livrée avec un reçu ?

Les femmes adorent faire du shopping autant que les hommes adorent ne pas en faire. C'est facile à voir, car tout dans l'univers de la marchandise s'adresse à la sensibilité des femmes. Entrez dans un grand magasin et constatez par vous-même. Vous voyez des panneaux, quelque part ? Vous voyez un panneau lumineux géant qui vous indique « Les putains de toilettes sont ici » ? Il n'y a pas non plus d'alcool, ni qui que ce soit pour surveiller ces sales gosses qui courent partout comme s'ils étaient chez eux.

Les femmes détestent les panneaux, l'alcool et les enfants bien élevés.

Tout le processus du shopping est conçu pour vous vider, vous mettre en retard, et vous donner l'impression que vous avez accompli quelque chose, alors qu'en réalité vous n'avez fait que ramener quelques cadeaux pourris.

Les femmes aiment le shopping pour la même raison qu'elles aiment parler : ça leur fait perdre leur temps. C'est aussi pour ça que les centres commerciaux sont construits comme des casinos. Aucun repère, et impossible d'en sortir. C'est comme se retrouver coincé dans un tableau inachevé d'Escher, où quelqu'un a oublié de dessiner le rebord qui vous permettrait de vous échapper.

On pourrait penser qu'avec autant de pratique du shopping, les femmes sont capables de se repérer aisément dans ces lieux, mais je me suis moi-même laissé avoir par cette affirmation, comme de nombreux autres hommes qui ont aussi perdu de leur temps précieux.

Les femmes n'y connaissent rien, en shopping. Elles n'ont ni plan d'approche, ni éthique. C'est pour ça qu'à chaque fois que vous accompagnez une femme qui veut acheter un cadeau pour le mariage de sa meilleure amie, vous finissez toujours devant les sacs à main, au rayon soldes, même si vous aviez décidé d'acheter des verres à vin.

Les hommes ne font pas de shopping. Et même quand on en fait, on fait autre chose. On n'est pas là à errer sans but, jusqu'à ce qu'on tombe sur une babiole qui nous plaise. Sûrement pas, bordel ! On entre, on sort, et tout le monde rentre chez lui content, car on n'a pas perdu la moitié de la journée à jouer à s'habiller.

Parfois, j'ai de la peine pour les femmes. Elles n'arrivent même pas à être au niveau dans le domaine qu'elles aiment le plus : dépenser l'argent de quelqu'un d'autre.

Pénistoire, introduction : si l'Histoire est une scène, les femmes sont le chewing-gum collé sous votre siège.

L'Histoire ? Plutôt la Pénistoire. C'est comme ça qu'on devrait dire, puisqu'il y a tant d'hommes qui ont fait tellement de putains de choses extraordinaires. Certains vous diront que les femmes ont joué un rôle mineur, dans l'Histoire. Ils se trompent. Elles n'en ont joué aucun.

Dans un documentaire que je regardais l'autre jour, une femme disait qu'elles avaient joué un rôle clé dans les premières domestications des chiens. Je suis un homme, donc j'aime regarder les documentaires, par contre je n'apprécie pas qu'on me raconte autant de conneries. Pourquoi une femme dans un documentaire, je n'ai toujours pas la réponse.

« Les premières domestications des chiens exigeaient une grande empathie », disait l'extravagante gonzesse. « Ainsi, les femmes y trouvèrent toute leur place. »

Voilà l'exemple parfait de ce que j'appelle le Cycle Féminin de la Bêtise. Les femmes, leurs suppositions et leur logique cyclique sont comme des lances à incendie que personne ne retient. On ne sait pas comment ça a commencé, elles s'agitent dans tous les sens, et si vous restez pour essayer de résoudre le problème, vous vous recevez un embout en cuivre de dix kilos sur la gueule.

Parmi tout ce que j'ai appris sur les femmes au cours des années, j'ai compris qu'il y avait un certain nombre de choses qu'elles ne doivent jamais posséder. On pourrait appeler ça mon Top 5 des Possessions Masculines, Qui Devraient Être Totalement Inaccessibles Aux Femmes.

Le Top 5 des Possessions Masculines, Q.D.E.T.I.A.F., selon Dick.

1 : Les lettres de licenciement
2 : Faire les comptes
3 : Les tournevis
4 : Les opinions
5 : Les chiens

Vous savez quel rôle les femmes ont joué dans la domestication des chiens ? C'est ce moment où quelqu'un vous les brise sur ce qu'il ne faudrait pas faire, en insistant pour que l'animal puant sorte de la grotte. C'est comme si j'entendais ces cris stridents en écho dans mon ADN.

Les femmes : mères nourricières ou sadiques irresponsables ?

Vous vous souvenez, à l'école primaire, quand l'un d'entre vous devait garder le cochon d'Inde ou le sugar glider de la classe, pendant les vacances de Noël ? Toutes les petites filles levaient le doigt, surexcitées, et votre instituteur, un homme, hésitait et faisait comme s'il n'avait pas vu toutes ces mains levées, jusqu'à ce qu'un petit garçon se propose. Il prenait alors l'animal chez lui pour trois semaines.

Votre instituteur considérait qu'une petite fille qui pleurniche en portant un sac contenant un cochon d'Inde mort, c'est une façon sinistre de commencer la nouvelle année.

Les femmes sont incapables de s'occuper de quoi que ce soit. Incapables de s'occuper d'elles-mêmes, et encore moins de petits animaux ou d'enfants.

Si la vie d'une femme n'est pas remplie, semaine après semaine, de talk shows et de séries sentimentales idiotes, et ce alors qu'elle a déjà vingt-cinq ans, c'est un putain de miracle. Ça veut sans doute dire qu'elle cache une relation avec un criminel récidiviste. Ou alors il s'agit d'un mariage arrangé quand elle avait dix-sept ans – l'âge auquel une femme commence, doucement mais sûrement, à s'enfoncer dans le néant.

Hitler fut élevé par une mère célibataire.

Ça prouve que les hommes sont meilleurs que les femmes pour élever les enfants, et d'une façon tellement flagrante qu'il faut que je fasse une pause.

Soixante-dix pour cent des meurtriers violents, et des violeurs, furent élevés par une mère célibataire.

Pas vraiment une pause, ça !

Si vous pensez que je mens sur les faits, alors retirez votre gros nez de femme de mon livre. Les hommes n'énoncent que des vérités – ou au moins ce qu'ils croient être vrai. Nous n'avons pas de temps à perdre à remettre en question, ou à vérifier quoi que ce soit lorsque c'est probablement vrai.

Un enfant élevé par une mère seule est comme une bière sans alcool distillée par erreur. Bravo, vous avez fabriqué une bière, mais en oubliant quelques éléments indispensables comme la raison, la responsabilité personnelle, et la capacité de ne pas vous faire envoyer paître tous les jours à cause de toutes vos remarques déplacées.

Pénistoire, 1re partie : pourquoi les femmes sont incapables de la fermer

Saviez-vous que les pubs, en Grande-Bretagne, ferment si tôt à cause de la Seconde Guerre mondiale ? Oui. Les pubs et les bars étaient obligés de fermer à onze heures, pour que les ouvriers qui fabriquaient les munitions puissent se lever de bonne heure et en pleine forme pour aller travailler. Les hommes ne sont pas des combattants, nous sommes des amants. Des amants et des buveurs – et ensuite des combattants. Si vous voulez que nous nous battions avant de boire et de baiser nos maîtresses, il va falloir faire une loi pour ça.

La *pénistoire* résout également ce mystère vieux comme le monde : pourquoi les femmes sont-elles incapables de la fermer plus de cinq secondes ? Revenons à l'époque des cavernes, quand les hommes transportaient des flèches affûtées et des pierres à la place des porte-documents, et portaient des cache-sexes en peau sans rien avoir à foutre de rien – il n'y avait pas ces saletés de tribunaux pour les divorces.

Putain, quelle belle époque pour les hommes !

La chasse, c'est comme la pêche, mais sur terre. À moins que la chasse, ce soit comme le golf. Dans les deux cas, il s'agit de se taire pendant que quelqu'un fait quelque chose.

Vous voyez ce mec, là-bas, avec son cache-sexe en peau, sur le point d'affronter un mastodonte à mains nues ? Eh bien fermez-la, parce que nous sommes en train de chasser une bête qui nourrira quatre-vingts femmes pendant une semaine. Un homme des cavernes qui se tait, c'est un mec avec un cache-sexe en peau grâce à qui les femmes ne mourront pas de faim. Vous pensez que c'est génial, je pense que c'est génial, tous les hommes des cavernes pensent que c'est génial, mais tout le monde ferme également sa gueule, parce que si on ne se tait pas, un éléphant poilu de dix tonnes va tout massacrer sur son passage.

La viande, les femmes, et savoir fermer sa gueule, tout est dans notre AD*M* : l'ADN des *M*âles.

Pendant que les hommes se tapent le boulot et vont chercher la bouffe, les femmes restent chez elles à ne rien faire. En un million d'années, rien n'a changé.

Mais Dick ! Les femmes faisaient la cueillette !

Non : ce sont les hommes qui s'en chargeaient. En revenant de la chasse, les hommes trouvaient des légumes et des fruits de toutes les couleurs, et après avoir chié les graines devant leurs cavernes, ils les regardaient pousser, et donner plus de fruits et de légumes. Si quelqu'un a inventé la cueillette, c'est la merde des hommes, pas les femmes.

Quelle quantité de travail représente le fait de sortir de chez soi, pour cueillir un concombre ? Si vous ne le savez pas, demandez à n'importe quelle femme seule de plus de quarante ans.

Les femmes bavardent, car pendant qu'elles restaient assises à ne rien foutre au même endroit tous les jours, il fallait qu'elles soient aussi bruyantes et puantes que possible pour faire fuir les prédateurs. Merci, *pénistoire*, de nous avoir aidés. Aidés à nous instruire.

L'âge limite de consommation d'une femme n'est pas trente ans

Beaucoup de gens vous diront que les femmes ne valent plus grand-chose après trente ans. On appelle ça l'âge limite de consommation – à partir duquel les bénéfices d'une nouvelle relation sont dépassés par d'énormes inconvénients. À la seconde même où l'horloge commence à sonner les douze coups, le jour de cet anniversaire fatal, le visage de la femme se flétrit et ses mains se transforment en parchemin. C'est une vision atroce. Mais c'est des conneries. L'âge limite de consommation d'une femme n'est pas trente ans. C'est vingt-trois.

Vous ne pouvez plus baiser avec une femme de plus de vingt-trois ans, je vais vous dire pourquoi.

Aucune femme de moins de vingt-trois ans ne s'est jamais supportée. Peut-être a-t-elle eu un chouette petit boulot, comme livrer des courses à domicile, ou vendre des habits à d'autres femmes de moins de vingt-trois ans, mais jamais un vrai travail. Un vrai job, ça a un titre, comme Docteur.

À vingt-trois ans, le monde réel s'écrase sur la tête des femmes comme une tonne de briques tombant à une vitesse vertigineuse. Nous, les hommes, ça ne nous dérange pas. Nous sommes faits du même puissant, viril et indestructible matériau que celui qui maintient l'Univers. Nous sommes très souples, et notre élasticité est sans limite. Les femmes, de leur côté, sont aussi bornées et bêtes que du ciment.

Lorsque la vraie vie s'invite sans ménagement pour leur vingt-quatrième anniversaire, entre deux jurons et des mecs en costume qui leur offrent cinq cents dollars pour un rapport anal, parce qu'elles se trouvent au mauvais endroit au mauvais moment, leur fragile psychisme est anéanti.

Les femmes de plus de vingt-trois ans sont tellement à côté de la plaque, et foncent tellement tête baissée dans la mauvaise direction, qu'elles font absolument n'importe quoi. Ainsi, une fois, une femme s'est attaquée au bouchon de réservoir de ma voiture. Comment peut-on vouloir foutre en l'air un bouchon de réservoir ?

C'est pour ça que l'université est un tel gaspillage d'argent pour les femmes. De toute façon, ce n'est pas comme si elles devaient apprendre quelque chose. Si une femme n'est pas mariée à vingt-trois ans, elle ne le sera jamais. Je n'ai pas les statistiques à portée de main, mais je pense qu'une femme de plus de vingt-trois ans a plus de chances de se faire dévorer par un ours que de se marier avec quelqu'un qui n'est pas en prison.

Par ailleurs, les femmes n'ont pas besoin d'aller à l'université pour rencontrer des mecs.

À l'entrée d'une soirée étudiante, personne ne demande leur carte d'identité aux bombes sexy qui arrivent, si ?

Non. Si vous avez une petite fille, grâce à ce livre, vous venez d'économiser cinquante mille dollars.

Rien à foutre, du téléphone

Les hommes détestent parler au téléphone, pour les mêmes raisons que les avocats ne font pas appel aux danses hippies interprétatives pour plaider à la cour.

Il y a plus de 5 000 muscles dans notre corps, ce que vous saviez déjà puisque vous êtes un homme. Je ne sais pas combien vous pouvez en contrôler, mais sans doute assez peu. Je dirais 7 %. Ce qui signifie que 93 % de vos 5 000 muscles disent quelque chose que vous n'êtes pas censés raconter. Certains muscles s'expriment plus que d'autres.

Ne me remerciez pas pour cette petite note bandante, subtile et humoristique.

Les femmes sont des créatures simples de cœur et d'esprit : elles aiment que leurs histoires le soient aussi, avec des personnages sans profondeur et des intrigues bancales. C'est la raison pour laquelle elles ne peuvent apprécier *Patton*, ou les Three Stooges.

Leurs communications doivent être aussi simples que possible.

Lorsqu'une femme est au téléphone, vous ne la voyez pas halluciner au moment où vous citez le nom d'un grand philosophe, dont la pensée est proche de la vôtre. Les femmes ne lisent pas de philosophie. Ne soyez pas dingues. Ça leur ferait exploser la tête, il y en aurait partout sur les meubles, et vous ne récupéreriez pas votre putain de caution.

Les hommes ont besoin de discussions plus approfondies. On a aussi besoin que nos vies le soient. Pour un homme, jacasser au téléphone, c'est comme manger une pomme de terre cuite trouvée dans une benne à ordures, sans beurre ni ciboulette. C'est comme faire l'amour avec une femme qui, ensuite, ne vous préparera pas votre bol de céréales.

Franchement, c'est juste un bol de céréales, putain ! C'est pas si compliqué que ça. On ne leur demande pas d'aller moissonner le blé.

Pénistoire, 2e partie : les hommes sont plus séduisants que les femmes

Les hommes sont gros et laids, alors que les femmes sont gracieuses, belles et séduisantes.

Ce mythe est tellement sournois, et en apparence inoffensif, que je n'imagine pas qu'un seul homme sur Terre ait pu l'énoncer sans y réfléchir à deux fois.

Je ne sais pas qui a pu lancer ce putain de mythe ; sans doute un *mangina* du dix-septième siècle. Ce qui ne ferait que renforcer le pouvoir incroyable de ces hommes. Même les *manginas* peuvent fabriquer des mensonges qui durent des siècles.

Les femmes n'ont pas plus de charme que les hommes. Elles ne sont ni meilleures, ni aussi bonnes qu'eux, dans quel que domaine que ce soit. Laissez-moi vous présenter le problème comme un château de cartes. Vous autres, les femmes, qui n'êtes pas autorisées à lire ceci et qui bavez sur moi vos qualificatifs homophobes, préparez-vous à aller vous faire foutre, car j'ai enlevé tous les jokers du jeu.

La science

De l'insecte au poisson, le mâle est toujours le plus séduisant, dans toutes les espèces. Observons le paon mâle, ce proxo de la nature. Il est absolument superbe ! Les paonnes ? Moches.

La pénistoire

Je peux compter le nombre d'œuvres d'art classiques et antiques qui représentent des femmes sur mon pénis. Une seule : *La Joconde*. Et tout le monde sait que *La Joconde* n'est pas considérée comme un tableau si extraordinaire que ça. Elle est juste célèbre grâce au *Da Vinci Code*.

Le *David* de Michel-Ange, l'*Autoportrait au chapeau gris* de Van Gogh, l'*Homme de Vitruve* de Vinci : tous des chefs-d'œuvre inoubliables et incontournables et, comme dans ce livre, tous des hommes. Si les femmes sont vraiment si séduisantes, pensez-vous qu'elles pourraient au moins faire une petite apparition dans l'histoire de l'art ?

Manclusion

Ce mythe, qui voudrait que les femmes soient plus attirantes que les hommes, nécessite une clarification. Ça ne devrait pas être « Les hommes sont gros et laids, alors que les femmes sont gracieuses, belles et séduisantes », mais plutôt quelque chose comme « Les femmes croiront toujours tout ce que leur dit un homme qui veut les baiser ».

Les femmes plaignent les lampes, les vieilles chaises et plein d'autres putains d'objets

Quand il s'agit de mettre en pratique leur empathie, les femmes sont vraiment arriérées. L'empathie, c'est dans le cerveau, pas dans le cœur ou le ventre, comme le croient toutes les femmes – et c'est aussi dans les couilles. C'est pour ça que là encore, les hommes sont meilleurs que les femmes.

Jetez un coup d'œil autour de vous. Vous voyez un monde d'objets inanimés. Que se passe-t-il si quelqu'un entre et en prend un pour, par exemple, le réparer ? En tant qu'homme, vous trouvez ça très bien. Après tout, la plupart des objets sont faits pour être réparés. C'est rassurant de savoir qu'un homme prend ça en charge, plutôt qu'une femme qui le foutrait sûrement en l'air. Mais une femme aurait le cœur brisé. « Pauvre objet ! », dirait-elle. « On l'emmène loin de tous ses amis objets ! »

Je ne plaisante pas.

Imaginons que sans le faire exprès, vous cassez une partie de l'un de ces putains de précieux objets. En tant qu'homme, vous êtes gêné de savoir que ça va donner plus de travail à quelqu'un, mais l'objet peut également être remplacé. Une femme sera complètement anéantie. Elle ira sans doute pleurer pendant une heure dans la salle de bain, ou prendra un congé maladie pour la journée.

Les femmes sont désolées pour tout et n'importe quoi. Elles plaignent les canapés abandonnés dehors sous la pluie ; les fauteuils dont les bras sont cassés et sur lesquels plus personne ne veut s'asseoir ; les bacs à glaçons vides. Rien de tout ça n'a de sens, ni d'intérêt.

Pour les femmes, jeter une pièce d'un centime du haut d'un immeuble pour voir si elle va s'écraser sur le trottoir, c'est la même chose que de le faire avec un chaton. Elles sont incapables de faire la différence.

Au passage, pour votre information, messieurs, une pièce d'un centime ne s'écrase *pas* sur le trottoir si vous la laissez tomber du haut d'un immeuble. C'est un mythe. Un chaton, par contre, peut-être. Je n'ai rien lu à ce sujet.

Il n'y a aucun problème avec le mal, à part le mal lui-même

On connaît tous ce petit cri perçant, féminin et diabolique : *Est-ce que tu matais cette fille ?*

Je promets une médaille particulièrement virile à tout homme capable de répondre correctement :

« Ouais. »

L'autre semaine, j'étais au pub, et la barmaid se demandait si elle devait me resservir un autre cocktail 7 & 7. Les barmaids, qui vous resservent comme si l'alcool était gratuit, sont une malédiction pour les bars qui veulent faire de l'argent. Si vous avez le choix, choisissez toujours une barmaid.

Pourtant, le boulot d'une barmaid c'est de saouler les femmes, pas les hommes, et sûrement pas moi. Je suis le dernier que vous voudriez voir bourré dans un bar.

Tout ce que dit une femme qui se termine par un point d'interrogation, est sa façon de vous rappeler que le boss, c'est elle. Elles n'ont rien à foutre de savoir ce que vous pensez, ou voulez. Il n'y en a que pour elles, tout le temps elles, et leurs « non » à répétition. Ce ne sont pas ses putains d'affaires, à la barmaid, la quantité d'alcool que j'ingurgite, ni quand je le décide, mais c'est comme ça, les femmes ne demandent jamais rien sauf si elles veulent que vous leur répondiez « non ». Alors dites toujours « oui ».

Si vous pensez néanmoins que vous devez expliquer pourquoi vous étiez en train de mater la fille, voilà quelques bonnes raisons.

Les hommes remarquent tout

Les hommes remarquent tout, et il nous faut des détails pour entretenir les rouages de nos massifs cerveaux masculins, afin qu'ils puissent continuer à bien fonctionner. Le cerveau de l'homme est comme un bateau ou une moto. Si vous le laissez trop longtemps au repos, ça vous coûtera une révision hors de prix. C'est cet entretien qui explique que l'on mate la fille.

Les hommes sont méfiants

L'homme se méfie de toute créature qui pénètre dans son espace vital. Cet espace personnel inclut (mais pas uniquement) notre champ de vision. Mater la fille, c'est aussi un moyen de se protéger.

Les petits hauts moulants sont fascinants : comment peuvent-ils tenir ainsi ?

C'est la physique, aussi, qui nous fait mater la fille. D'un autre côté, s'il faut commencer à expliquer à une femme les motivations de notre subconscient avant d'entreprendre quoi que ce soit, autant expliquer la démocratie ou le contrôle des armes. Autant demander à une femme de s'asseoir, puis lui détailler pourquoi tous les hommes autour d'elles, au bureau, sont si impatients de l'aider à se lever. Une femme a la capacité d'attention d'un enfant. Bonne chance.

Les femmes ont besoin d'un signal pour savoir quand se fâcher. Si vous vous comportez comme si vous n'aviez rien fait de mal, tout baigne. C'est votre putain de droit de mater les filles. Là, vous gagnez deux cents points mâles !

Ce sont des chenilles, sur ton visage, ou des traits de maquillage ?

Les femmes sont toujours prêtes à imaginer un A, comme « Attention, Pute », gravé en rouge sur les fringues d'une autre femme qui s'est fait refaire les seins, mais aucune d'entre elles n'est foutue de s'occuper correctement de ses propres sourcils. La différence entre s'épiler les sourcils et avoir de faux seins ? C'est beaucoup moins bandant.

Parmi tous les exercices idiots, qui ne servent qu'à perdre du temps, que pratiquent les femmes au nom de la cosmétique, s'occuper de leurs sourcils est sans doute le pire de tous. Pourquoi les femmes entretiennent-elles ainsi leurs sourcils, d'ailleurs ? Pour les hommes ? Y en a-t-il un seul parmi nous qui soit abonné à *Sourcils Sexy Magazine* ? Jamais entendu parler de ce journal.

Pour les autres femmes, alors ? Non, une femme n'en regarde jamais une autre dans les yeux. Elle mate juste comment l'autre est foutue, comme ça elle a toujours quelque chose de désagréable à dire par-derrière.

Les femmes pensent qu'un « pneu de rechange » désigne uniquement la graisse superflue de leurs congénères – elles ne savent même pas qu'il s'agit d'un véritable objet !

Elles doivent donc faire une putain de confusion entre sourcils et chenilles. Elles veulent s'assurer que des chenilles n'essayent pas de leur baiser le visage pendant qu'elles dorment.

Mais ça m'est arrivé, à moi !

Lorsque je veux un conseil sur ma voiture en panne, je vais voir un garagiste. Lorsque je veux un avis sur l'avortement, je vais voir un prêtre – et pas la première célibataire « fêtarde » de trente-huit ans venue, celle qui a besoin d'un chausse-pied pour enfiler son jean, et de quatre whiskies-coca pour l'enlever.

Les femmes ne se lassent jamais de discuter. Elles adorent ça, c'est l'une des rares activités où sortir des conneries vous permet d'en dire encore plus.

Prenons l'exemple d'une tarte. Si vous êtes au restaurant, et laissez tomber une part de tarte sur vos genoux, puis demandez à la serveuse si elle en veut un bout, il y a de grandes chances pour qu'elle ne vous en ramène pas une autre.

La discussion, ce n'est pas comme les tartes. Moins vous savez écouter, mieux c'est. Pour les femmes, la discussion c'est comme une pinte qui, une fois vide, laisse apparaître une carte au trésor au fond, qui lui permet d'aller en chercher une autre gratuite, avec encore une carte.

Parmi tout ce qu'une femme peut lâcher dans une discussion, voici ce que je supporte le moins :

Tu ne peux pas comprendre, parce que c'est à moi que c'est arrivé. Et c'est comme ça que je le ressens !

Je fais quoi, moi, avec ça ?

Les femmes sont le contraire des magiciens. Alors qu'un magicien vous fera disparaître un éléphant en faisant passer ça comme le tour le plus banal au monde, une femme ne fera rien puis aura l'air totalement abasourdie par elle-même.

Si vous voulez le vérifier, lâchez le mot « discussion » pas loin d'un groupe de femmes, puis écoutez. Si vous êtes là où il faut dans la ville, c'est-à-dire dans n'importe quel quartier à partir d'une heure moins le quart du matin, un week-end, vous pouvez parier ce que vous voulez que la moitié d'entre elles diront que « ça leur est arrivé ».

Certes, si on laisse un homme payer pour l'avortement d'une femme, celle-ci deviendra incollable sur le sujet. Ça me rappelle l'époque où j'avais ouvert un cabinet de dentiste, après que mes parents eurent payé pour un plombage, quand j'avais huit ans. Enfin... c'est ce que j'aurais fait si j'avais été idiot.

La fête des mères : palpitant...

J'ai une fois de plus oublié la fête des mères, cette année, comme tous les ans. Vous savez ce que ça fait de moi ? Le rêve ultime de toute mère.

Nos mères n'ont pas besoin de toutes ces conneries, de ces spectacles, pour leur fête des mères. Elles y pensent peut-être, mais pour leur bien, ne leur donnez rien. Une femme qui attend un cadeau est comme un chien qui attend d'être adopté. Ce sera forcément décevant. Abrégez plutôt ses souffrances.

La fête des mères a été créée par Hitler pour encourager les naissances dans l'État nazi. Ils appelaient ça le *Muttertag*.

Le *Muttertag* a été déclaré officiel, en Allemagne, en 1933. Et devinez ce qui est arrivé en Allemagne dès 1933 ? Une belle série de conneries nazies. Des trucs comme la *Mutterkreuz*, une médaille récompensant les femmes qui avaient produit plus de huit bébés.

L'eau est tout aussi importante, ce n'est pas pour ça qu'on lui rend hommage toute une journée chaque année. Et la Journée nationale de l'Air, alors ?

Tel que je vois les choses, j'ai célébré environ 1 780 fêtes des mères, à l'avance, entre 0 et 5 ans, quand je n'avais pas d'autre choix que de porter les tenues les moins masculines, ou de faire des choses tout aussi peu viriles. J'ai peut-être été obligé de porter un costume de marin comme dans *Guys and Dolls*, ou de dormir avec un poney en peluche – je n'ai aucun souvenir de ma vie jusqu'à l'âge de six ans. Mais si ça m'est arrivé, je sais exactement qui est responsable.

Votre mère sait déjà que vous l'aimez. C'est comme ça que ça fonctionne, un vagin. Une fois que vous êtes passé dedans, plus besoin de continuer à montrer que vous êtes concerné. Le mariage fonctionne sur les mêmes bases.

Le yoga, c'est pour les salopes

Le yoga, le pilates, le power pilates et l'aérobic n'ont tous qu'un seul but : transformer les femmes en sex toys ou en *sex pretzels* (*NdT* : ça les rend très souples...), ce qui dans les deux cas les mènera dans les bras d'un riche mari. Allez jeter un coup d'œil au matériel de yoga en promotion dans votre club de gym, et essayez de me trouver *une seule* position dans laquelle se mettent ces petites allumeuses, qui ne vous fasse pas bander.

Le yoga a autant de lien avec la santé que la nourriture bio : aucun. Le bio, c'est juste un moyen pour les femmes de se définir sans avoir à se fatiguer. Comme toujours, elles dépensent pour ça l'argent de quelqu'un d'autre, jusqu'à ce qu'une sorte de philosophie émerge d'elle-même. Les femmes et le yoga, c'est comme porter un déguisement de Fonzie pour Halloween. Vous êtes tout sauf cool, et vous ne savez même pas conduire une moto. Vous avez simplement acheté un blouson en cuir.

Règle 1, par Dick : Tout ce que font les femmes n'a pour but que d'attirer les hommes

Les femmes qui font du yoga sont simplement des femmes obsédées par l'envie d'être sexy, et désirent que tous les hommes du gymnase le sachent. Ceux qui monteront dans leur voiture doivent le savoir aussi : c'est pour ça qu'elles laissent ces tapis de sol puants sur le siège arrière.

Pénistoire, 3e partie : les grandes femmes de l'Histoire, selon Dick

Les manuels scolaires de primaire sont très bien pour fabriquer le flip book d'un cow-boy qui fait une chouette petite danse, mais ils sont totalement nuls lorsqu'il s'agit d'apprendre qui étaient les grandes femmes de l'Histoire. On est beaucoup mieux informé en allant dans un club de strip-tease.

Toutes les femmes célèbres qui ont marqué l'Histoire étaient soit des salopes, soit des putes. Si on essaye de vous faire croire autre chose, renseignez-vous jusqu'à constater que j'ai raison. Si vous en doutez encore, renseignez-vous encore mieux.

Marie Curie mérite le prix Nobel, mon cul !

Toutes ces absurdités autour de Marie Curie me rendent malade. À chaque fois qu'un homme démontre que les femmes seraient toujours aussi nulles en maths même si ça avait le goût du chocolat, il y a toujours une féministe ou une ado ignare de quinze ans pour vous sortir la même connerie :

« Et Marie Curie, alors, pauvre imbécile ! »

Marie Curie n'était pas la super-scientifique qui a sauvé *in extremis* les femmes du néant historique absolu. Marie Curie, comme toutes les autres femmes célèbres de l'Histoire, était une chieuse bornée et braillarde, avec une fâcheuse tendance à voler le travail de son laborieux mari.

Marie Curie était la Courtney Love des années 20.

Déjà, l'idée même d'une femme chimiste est aussi marrante qu'une machine à pets.

Marie Curie n'a jamais gagné le moindre prix Nobel, elle a gagné *un tiers* de prix Nobel. Elle a non seulement été aidée par son homme de mari, mais aussi par un autre mec qui voulait sans doute la baiser. C'est tellement typique d'une femme de mélanger, d'une façon malsaine, ses relations professionnelles avec sa vie personnelle. Si Marie Curie méritait un quelconque prix Nobel, ce serait celui d'allumeuse, un comportement qui ne mérite d'ailleurs aucune récompense, car ça n'a rien d'une grande réussite. Il n'y a aucun prix Nobel pour ça.

Je suis un homme, donc j'aime l'Histoire. Les femmes exècrent l'Histoire autant qu'elles détestent qu'on leur dise qu'elles sont aussi haïssables que leurs mères, ce qu'elles sont toutes. Voilà quelque chose que j'ai appris à force de lire. À chaque fois qu'une femme est la première à faire quelque chose, c'est toujours une connerie monumentale. Le genre d'absurdité totale que vous obtenez si vous accrochez un dictionnaire électronique pour enfants sur le cul d'un âne, en imaginant que ça va le rendre intelligent. C'est amusant, mais il y a assez peu de chances pour que ça fonctionne.

Marie Curie fut surtout la première femme dont *on dit* qu'elle a reçu le prix Nobel. À l'instar de Sandra Day O'Connor, Susan B. Anthony, Edith Wharton, Rebecca Felton, Lucy Stone, Madeleine Albright ou Sally Ride, Marie Curie n'est rien de plus qu'une « suiveuse » surmédiatisée dans l'Histoire des hommes.

Jeanne d'Arc était définitivement folle

Il y a eu une et une seule femme, dans toute l'Histoire de ce putain de monde, qui savait vraiment se battre pour une cause : Jeanne d'Arc.

Mais Jeanne d'Arc avait la syphilis.

Et la syphilis rend fou.

Affirmer que Jeanne d'Arc était héroïque, c'est comme dire que quelqu'un qui a bu de la Jägermeister pendant trois heures n'a plus peur de rien, parce qu'il a passé la tête à travers le pare-brise d'une Peugeot. Ce n'est pas qu'il n'a plus peur de rien. C'est juste ce que fait toute personne qui a bu de la Jägermeister pendant trois heures : passer la tête à travers n'importe quoi.

Florence Nightingale était une emmerdeuse névrosée

On dit que Florence Nightingale aida beaucoup à rendre les hôpitaux plus propres et, plus largement, toute la profession des infirmières, ce qui permit de sauver des centaines d'hommes.

La vérité, c'est qu'elle mérite que dalle. C'était juste une cinglée de la propreté comme n'importe quelle autre femme, point barre. Est-ce qu'aujourd'hui on remet l'Ordre du Mérite à des névrosées du ménage ? C'est en tout cas ce qu'ils faisaient en 1907, quand elle l'a obtenu.

Les femmes ont peut-être contribué, jusqu'à un certain point, à la pratique de l'aseptisation et au développement de la profession d'infirmière, mais elles ont également détruit des millions de bons moments conviviaux en râlant en permanence pour que tout soit propre.

Enlève tes pieds de là ! Ne touche pas ça ! Plus jamais de pudding dans le lit ! C'est quoi, ce verre de whisky-coca à moitié vide dans la douche ?

Saviez-vous que l'obsession du ménage peut nuire aux défenses immunitaires des enfants ? Florence Nightingale porte toute la responsabilité de générations entières d'enfants de plus en plus souvent malades.

Florence Nightingale, c'est un écureuil aveugle qui a trouvé un caillou en forme de noix dans le noir. Il est grand temps de faire une longue pause, en attendant qu'une femme trouve un remède au cancer en visionnant *Sex and the City* dix heures de suite.

Mère Teresa, va te faire foutre

Mère Teresa n'a jamais rien fait d'autre que d'arnaquer plusieurs organisations non lucratives en leur soutirant nourriture gratuite et lieux d'hébergement. J'ai un cousin qui fait ça. Il vend de vieux ordinateurs, cinq fois plus chers que leur prix réel, à des organismes d'aide aux enfants. Il n'obtient pas pour autant le prix Nobel, pas plus que ne devrait l'avoir Mère Teresa.

Comme toutes les femmes célèbres de l'Histoire, Mère Teresa fut simplement la première à faire quelque chose. *Bravo, madame*, vous êtes la première femme au monde à aider des enfants. Ça en dit plus long sur les femmes que sur la seule Mère Teresa. Je suis le premier à m'être branlé devant Angelina Jolie dans *60 Secondes chrono*. C'était une projection privée. Je n'ai pas pour autant obtenu de prix Nobel, car je ne suis pas une femme.

Mère Teresa était contre l'avortement, et proclamait que la souffrance était « un don de Dieu ». Ceux qui travaillaient à ses côtés, à l'hospice, n'étaient pas correctement protégés contre les maladies, et les enfants étaient attachés à leurs lits pendant que des millions de dollars en dons dormaient, inutilisés, dans des banques du monde entier.

Saint Patrick a tué tous les serpents d'Irlande. C'est un miracle. Mère Teresa s'est pointée en pleurnichant, pour pouvoir aider des enfants miséreux à le devenir cent fois plus qu'au départ.

Margaret Thatcher a le niveau d'un récital de piano en fin de primaire

Si dans l'Histoire, les femmes ne sont pas célèbres pour avoir fait une pipe à des hommes connus et puissants, elles le deviennent quand elles sont les premières à avoir fait quelque chose.

Je suis bien certain que Margaret Thatcher a rempli son quota de pipes, mais elle est célèbre pour avoir été la première femme Premier ministre de l'Angleterre.

Putain, incroyable. Les hommes sont toujours les premiers dans tout. Et cet homme qui fut le premier à saouler un serpent ? Ça doit être tordant, pourtant je ne vois nulle part son nom dans les livres d'histoire. Les hommes s'intéressent à la qualité, pas à la quantité. C'est aussi pour ça qu'on préfère les maigres aux grosses. Et si Margaret Thatcher était un homme, on lui consacrerait à peine un astérisque dans les manuels.

Margaret Thatcher n'a pas marché sur la Lune. Elle n'a pas découvert l'Amérique. Elle n'a pas inventé le karaté. Tout ce qu'elle a fait, c'est se pointer pour un boulot, puis se comporter comme une femme. De quoi faudrait-il qu'elle soit particulièrement fière ?

« Je suis la dirigeante rebelle d'un gouvernement conservateur. » Margaret Thatcher.

Mon Dieu, mais on parle d'un gouvernement, ici. On y prend des décisions pour envoyer nos hommes jeunes et costauds à la mort à des milliers de kilomètres de chez eux. Est-ce que la prétention narcissique et auto-promotionnelle d'une femme protège contre un obus de mortier tiré à deux cents mètres ?

La politique, c'est un jeu masculin. Il faut de la finesse ; le sens du compromis ; la patience que l'homme ne peut acquérir qu'après une vie entière à avoir été confronté aux femmes :

« Vous dites que le dirigeant du Jerkistan a la bombe atomique ? Rien de bien grave. Pas plus tard qu'hier soir, j'ai fait taire une femme pendant les meilleures douze minutes de sa vie. Ce bonhomme est loin de protéger ses bombes nucléaires aussi bien que n'importe quelle femme le fait avec son putain de précieux vagin. Les vagins ne sont pas en porcelaine, ils ne se brisent pas si vous vous en servez, bordel ! »

Germaine Greer est une conne

Le 4 septembre 2006, Steve Irwin, le « Chasseur de crocodiles », meurt au large des côtes du Queensland, en Australie. Steve Irwin était l'un des hommes les plus virils sur Terre, et son décès fut une grande perte pour le monde entier en général, et pour les hommes en particulier. Ce fut aussi une grande perte pour les féministes, dont les derniers lambeaux de dignité disparurent définitivement.

Le jour de la mort de Steve Irwin, Germaine Greer, femme et leader du mouvement féministe – prétendument médecin, ce qu'il ne m'a jamais été possible de vérifier – sortit du bois, à grand renfort de publicité, pour attaquer le Chasseur de crocodiles à peine disparu, et se moquer de sa fin prématurée.

Les points que Greer voulut soulever dans son article sont hors sujet, comme tout ce que disent les féministes (et les femmes en général), sauf si ça commence par « Pensez-vous que je devrais » ou encore « Je suis désolé d'avoir tout fait foirer comme vous l'aviez prévu ».

Une biologiste marine nota : *« Il est vraiment très rare que des plongeurs soient piqués (NdT : par une raie), sauf s'ils s'accrochent à l'animal et, connaissant Steve Irwin, ce fut peut-être le cas... »*

« Bien peu de compréhension de l'animal. » Germaine Greer.

C'est élégant.

Comme c'est une femme, j'ai trouvé drôle que le « docteur » Greer utilise le terme « compréhension » dans son vocabulaire féministe. La compréhension est une qualité que possèdent les meilleurs des hommes. Les féministes sont ces créatures qui inventent régulièrement des allégations de viol, dans le but de mettre à mal le patriarcat mythique de quelques pauvres hommes malchanceux.

Le patriarcat, ça n'existe pas. Ça s'appelle *The Real World* (*NdT* : *Loft Story*, en gros), une émission de télé réalité où sept milliards d'étrangers sont choisis au hasard pour vivre ensemble, et où l'on observe ce qui arrive quand des tigres aux dents aiguisées essayent de leur bouffer des bouts de cul, alors qu'ils essayent de dormir. Dans *The Real World*, les hommes protègent tout le monde, prennent toutes les bonnes décisions, inventent tout, et le font avec un putain de plaisir.

« La seule fois où Irwin trouva un peu moins grâce aux yeux de ses fans (qui ne sont pas des zoologistes) fut lorsqu'il entra dans l'enclos des crocodiles, tenant son bébé de quelques mois dans une main, et un poulet mort dans l'autre. Pendant une seconde, on a pu se demander lequel allait servir de nourriture. » Germaine Greer.

Si ça vous pose un problème d'imaginer Steve Irwin tenant son enfant dans les bras pendant qu'il nourrit les crocodiles, non seulement vous avez tort, mais vous n'êtes pas un homme – sortez de mon livre.

Dans notre vie sociale, nous acceptons tous une certaine dose de risque, et lorsqu'on franchit certaines limites, on s'expose à la critique. La question est alors : « Comment évaluer le risque pris par X ? » Si vous avez un vagin, aussi puissant soit-il, la réponse est toujours : « Qu'est-ce que je *ressens* à propos de X ? »

Allez vous faire foutre. La bonne réponse est : « Demandons à un expert. »

Quelqu'un qui a monté une affaire de plusieurs putains de milliards de dollars, grâce à ses X qualités commerciales, et qui est un expert authentique. Cet expert qui laisse pendre son propre fils au-dessus d'un groupe de X, pendant qu'il X, est une preuve de bonne foi que X n'est pas aussi risqué que vous l'imaginez, putain, tant que vous savez ce que vous X-ez.

Les femmes ne savent jamais ce qu'elles X. C'est pour ça que le féminisme est foutu et arriéré. Il met un peu de pouvoir entre les mains de personnes qui n'ont pas la moindre putain d'idée de ce qu'elles font, jamais : les femmes.

Les féministes sont toutes insensibles, ignobles, et pathétiques. Elles n'ont pas de famille car elles mettent leurs parents si mal à l'aise qu'ils finissent par les rejeter, et elles perdent leurs amies jusqu'à ce qu'il ne reste qu'un petit cercle de sorcières mal dans leur peau. Les féministes n'ont pas d'enfants, car aucun homme digne de ce nom ne voudrait en baiser une, et même si l'un d'entre eux, drogué ou piégé, se laissait avoir, Jésus arriverait sur le champ et réaliserait le premier avortement immaculé au monde.

CHAPITRE 4

LA SCIENCE MASCULINE

Dieu et la science ont toujours été en phase sur un point : les hommes sont meilleurs que les femmes. Une fois qu'il eut accompli son travail en ce sens, Dieu passa la main à la science pour plus d'explications. Dieu, l'homme et la science – fonctionnant aussi bien ensemble qu'une putain de montre suisse. Vous pouvez aligner les preuves comme une rangée de bières, puis toutes les tester – de la même façon que les femmes sont des conductrices nulles et que Chris Farley est un million de fois plus drôle que Margaret Cho (*NdT* : actrice et icône gay).Vous passerez un putain de bon moment, mais il vaut mieux ne pas le mentionner sur votre CV.

C'est là que la science intervient.

L'espace... Une frontière masculine

Si vous êtes un minimum comme moi, alors vous ne vous êtes sans doute jamais demandé pourquoi aucune femme n'a jamais posé un orteil sur la Lune. La réponse est évidente : les femmes n'y sont jamais allées parce que la Lune déborde de science. C'est absolument exact, mais dans le sens où il n'existe pas de licornes sous-marines. En effet, les licornes ne peuvent pas respirer sous l'eau, d'ailleurs les licornes n'existent pas. Putain, mais de quoi on parle, là ?

La véritable raison pour laquelle elles ne sont jamais allées sur la Lune a assez peu à voir avec cette remarquable capacité innée qu'elles ont de transformer les plus simples technologies en désastres absolus. Souvenez-vous, par exemple, de la dernière fois où vous étiez peinard sur le canapé en train de profiter d'un bon film comme *Die Hard 3*, *Payback* ou *South Park*, ou de tout autre moment tranquille, seul. Que s'est-il passé ? Je vais vous le dire. Une femme est venue briser tout ça avec tous ses commentaires négatifs à la con :

« Nicolas Cage pense qu'il est si génial. »
« Ce sont des faux. »
« Y'a que toi qui te trouve drôle. »
« Fumer donne le cancer. »

Fumer donne le cancer ? Sans déconner, je savais pas. Et continuer à jacasser pendant *Volte/Face*, devinez ce que ça donne...

Vous imaginez ce genre de conneries à bord de l'USS Scarface en route pour la Lune ? Voilà pourquoi les femmes n'iront jamais : à cause de ce comportement à chier.

L'huile de cerveau

Il y a quelques mois, j'ai lu un article sur les différences fondamentales entre les cerveaux masculin et féminin. Je ne me souviens plus exactement où c'était, mais je suis sûr qu'il s'agissait d'une revue réputée sur les découvertes scientifiques. Si un jour vous lisez quoi que ce soit à ce sujet, alors vous saurez où je l'ai lu.

Nous autres, les hommes, en cours de sciences, nous écoutions et nous apprenions, au lieu de glousser ou de nous passer des petits mots sur les garçons. Je n'ai donc pas besoin de vous rappeler la grande importance du cerveau. Il est plus important pour les hommes, c'est clair, mais il l'est aussi pour les femmes. Ça les aide, par exemple, à garder l'équilibre sur des talons.

Les cellules du cerveau de l'homme sont liées par une sorte de substance gluante qui transmet les impulsions neurologiques plus rapidement que chez la femme. Qui dit impulsions plus rapides dit pensée plus rapide, ce qui m'arrange bien quand je suis en retard.

Cet article très scientifique, lu dans ma revue très scientifique, contenait également beaucoup de digressions et d'affirmations débiles comme « penser plus vite ne veut pas dire penser mieux », alors que tout le monde sait que si. Malgré tout, les informations étaient bien là, à la pelle, pour prouver l'évidence : le cerveau des femmes fonctionne presque aussi bien qu'un toboggan horizontal.

C'est là tout le processus de pensée des femmes – elles courent, sautent et se retrouvent assises sans bouger.

Grâce à son cerveau lubrifié et tout-puissant, l'homme est devenu un acteur et un décisionnaire rapide. Si vous considérez que la lubrification n'a pas d'importance, vous êtes soit un adolescent, soit une femme. Un adolescent parce que vous ne savez pas comment baiser, ou une femme pour les mêmes raisons. Vous ne savez pas, non plus, comment entretenir une voiture.

Une femme sur trois est analphabète

Tous les hommes savent qu'ils sont meilleurs que les femmes, car nous vivons dans le monde réel, et nous avons appris à faire avec elles, et leurs innombrables défauts. En tant qu'hommes, ce qui ne nous tue pas nous rend plus fort. Pour les femmes, ce qui leur fait perdre les pédales les rend plus mignonnes.

Quelque chose comme 30 % des femmes sont des putains d'analphabètes. A-do-rable.

650 millions de femmes dans le monde sont analphabètes. C'est plus du double que les hommes.

Ça pourrait paraître choquant, mais quand les femmes ont-elles besoin de lire ? C'est nécessaire quand on conduit, pour trouver sa putain de route, ou pour savoir ce qu'on fait lorsqu'on a des documents légaux à signer. Les femmes n'ont rien à voir avec ces choses-là.

Les chiffres ne font pas partie de la lecture, les femmes ne sont donc pas pénalisées si elles doivent rédiger des chèques en bois, ou calculer les progrès qu'elles ne font pas au club de gym.

L'UNICEF et l'UNESCO considèrent que deux analphabètes sur trois sont des femmes. Le chiffre tourne autour de 60 %, tandis que le taux d'alphabétisation des hommes culmine virilement à plus de 90 %. Vous serez d'accord avec moi pour dire que ces chiffres font montre d'une grande majesté, qu'il serait dommage de ne pas conserver précieusement.

Au départ, quand j'ai vu ces chiffres, je me suis dit : « C'est peut-être pour ça que les femmes sont si nulles dans tout. Peut-être sont-elles comme ce petit garçon très mauvais au baseball, avant que l'on découvre qu'il a juste besoin de lunettes. Les femmes ont simplement besoin d'apprendre à lire. »

Et puis j'ai compris que la soi-disant « catastrophe imminente », liée à tout ce qu'elles foirent, était métaphorique (*NdT* : de l'expression « Writing on the wall », littéralement « écriture sur le mur »). Elles n'ont pas besoin de savoir lire pour la fermer une fois de temps en temps, ou pour écouter quelqu'un d'autre qu'Oprah Winfrey dispenser des conseils sur la vie.

Femme + mathématiques = désastre

Y a-t-il une science plus masculine que les statistiques ? La baise, peut-être ! Mais ça m'est égal, parce qu'après avoir écrit à l'instant sur les statistiques, je vais aller me manger un bon sandwich bien viril, puis balancer une brique par la fenêtre. Il y a 100 % de chances pour que j'en sois très fier.

Les statistiques font partie des mathématiques, et les maths, c'est pour les hommes. Savez-vous qui est d'accord avec ça ? Le directeur de l'Université de Harvard.

De Harvard sont sortis de nombreux grands hommes, extrêmement cultivés, et ce depuis qu'elle existe. Ils savent qui ils sont. Pas besoin de les citer ici. Ce sont sans doute des présidents, ou ce genre de personnes.

Le directeur de Harvard, une école où de nombreuses femmes aimeraient bien avoir la chance de trouver un mari, a déclaré que les femmes étaient nulles en maths et en sciences. Une façon d'honorer toutes les femmes d'un diplôme en dans-ta-gueule-onomie, et de confirmer que les maths sont bien un jeu masculin.

Au début du vingt et unième siècle, à peine 16 % des diplômes d'ingénieur furent attribués à des femmes. 100 % de ces diplômes furent remis à titre caritatif.

Lorsqu'il s'agit des maths, des sciences, et de l'utilisation de leur cerveau, les hommes ont accès à la crème de la crème. Notre matière grise, c'est du haut de gamme. Nous maîtrisons des machines intelligentes de haute performance, et déplaçons des montagnes d'idées grâce à nos cerveaux ultra-brillants, qui fonctionnent tels d'énormes mécanismes de construction.

Les femmes, elles, utilisent un cerveau plus apparenté à un tricycle bancal déniché dans une brocante des quartiers pauvres de la ville. Leur cerveau pue comme un tétanos et grince comme la roue d'un hamster. Je n'ai rien inventé. Celui qui pense ça, c'est un homme qui en sait suffisamment en maths et en statistiques pour faire exploser votre putain de tête. C'est l'ancien président de Harvard, et il a dit quelque chose comme : « Les femmes seront toujours aussi nulles en maths, même si ça avait le goût du chocolat. » Bon, ce n'est peut-être pas exactement ce qu'il a dit, mais nous savons bien tous que les femmes et les maths, ça fait deux.

Vous voyez ce qui arrive lorsqu'une femme entre dans un domaine où ni sa jolie gueule, ni ses manières d'allumeuse ne servent à rien ?

Les femmes sont contagieuses

D'un point de vue biologique, les hommes possèdent plus d'androgènes que les femmes. L'androgène, comme pourrait vous le dire n'importe quel homme ou biologiste, est non seulement l'ingrédient de base des merveilles que nous sommes, mais aide aussi à avoir une peau plus épaisse et résistante.

Les androgènes ne sont cependant pas la seule raison qui explique que le visage des femmes se ramollisse ainsi, à l'instant même où elles atteignent l'âge de trente ans. C'est aussi parce que deux fois par jour, tous les jours, elles se le badigeonnent de machins gluants en de telles quantités qu'un âne s'évanouirait. Pourquoi font-elles ça, me demandez-vous ? Je suis qui, Monsieur Je-Sais-Tout ?

Oui, en effet !

Vous souvenez-vous de la dernière fois où vous vous êtes retrouvé au lit avec une femme, sans entendre l'une des déclarations suivantes :

« Ne me touche pas le visage. Je viens juste de me mettre une crème adoucissante pour qu'il soit bousillé dans dix ans. »

Ou :

« Hé, tu me passes la télécommande, que je puisse l'enduire de lotions à la con qui ne partiront jamais, comme ça ta main sentira la vanille à chaque fois que tu regarderas la télé, même après avoir cassé avec moi car je suis une grosse salope ? »

Non : vous ne vous souvenez pas de la dernière fois où vous n'avez *pas* entendu tout ça. Moi non plus.

Les femmes sont gênées d'être ce qu'elles sont. Elles portent des masques chaque jour de leur vie, et mettent des vêtements dont on voit tout de suite qu'ils sont deux tailles trop justes. Si ce n'était pas risqué, elles s'accrocheraient un gode-ceinture et de fausses moustaches à la Groucho Marx, et s'appelleraient des hommes.

Mais ce serait trop risqué. Il leur faudrait échanger leurs 4x4 gratuits contre des séances de *wegdie* (*NdT* : « jeu » qui consiste à tirer un homme, parfois violemment, par ses sous-vêtements...), et des coups dans les dents.

La « matière blanche » des femmes

Je ne parle pas là de racisme, bien que les femmes soient des putains de racistes (*NdT* : allusion au « white power », le pouvoir blanc). Qu'y a-t-il de plus masculin que la science ? Rien. Le sport, peut-être, mais sinon rien. Et qu'y a-t-il de plus scientifique que le cerveau humain ? Rien non plus.

En science, il n'y a pas de place pour l'émotion. Mais ce n'est pas pour ça que les femmes y sont nulles. C'est parce qu'elles ont une capacité d'attention de petites filles.

À quand remonte ce mythe qui veut que les femmes se comportent comme des salopes, parce qu'elles sont « plus sensibles » que les hommes ? Ne faut-il aucune sensibilité pour mourir pour son pays et pour la liberté ? Bien sûr que si, bordel. Il en faut beaucoup plus pour se battre pour la liberté, que pour se comporter comme une conne parce que quelqu'un a oublié de racheter du papier toilettes.

Le cerveau d'une femme ressemble à celui d'un homme, mais sans tous les éléments qui lui permettent de fonctionner correctement. Des éléments comme « savoir la fermer » ou « réfléchir avant de parler ». Il n'y a rien de tout ça dans ce cerveau dont les femmes tentent, tant bien que mal, de se servir.

Une étude de l'Université de Californie, à Irvine, explique que les hommes ont 6,5 fois plus de matière grise que les femmes, et que les femmes ont dix fois plus de matière blanche que les hommes. Devinez quelle est la matière qui compte ?

La matière grise, évidemment.

C'est pour ça qu'on appelle parfois le cerveau la « matière grise », mais qu'on n'appelle pas un sandwich à la dinde un « sandwich au pain ». On n'en a rien à foutre, du pain.

« La matière grise correspond aux centres de traitement de l'information, dans le cerveau, et la matière blanche aux liens qui s'établissent entre eux. » – U.C.I., l'Université qui a financé cette étude.

En termes plus simples, cette étude démontre que les femmes ne valent rien.

Imaginez une lance à incendie. En tant qu'homme, ce n'est pas difficile. Dans notre esprit, le tuyau fonctionne correctement et permet d'éteindre le feu. Dans l'esprit d'une femme, les deux bouts du tuyau sont reliés l'un à l'autre. Ça aurait quel intérêt, ça, putain ?

Les femmes passent leur vie tout entière à glander dans leur matière blanche, et à relier des conneries qui n'ont rien à voir entre elles – tout en se plaignant.

Bulletin spécial ! Les hommes ont des testicules !

Les hommes et les femmes sont parfaitement égaux, à part ces choses qu'ont les hommes qui les font bondir hors du lit à peine le jour levé, et se demander dans quoi ils vont pouvoir shooter aujourd'hui, qu'importe ce qui s'est passé la veille. Ces choses, ce sont ses testicules.

Est-ce que vous avez déjà croisé une femme moche qui avait créé toute seule une entreprise florissante ? Les seules femmes qui ont réussi ça sont des bombes. Elles ont « réussi » grâce à l'aide d'hommes qui *eux* ont vraiment réussi, et avaient besoin d'être représentés par une beauté. Putain, mais qu'est-ce que vous imaginez que font les millionnaires ? Qu'ils passent leur temps dans des yacht clubs avec d'autres mecs, ou à des conférences pour millionnaires de la saucisse ? Ne soyez pas idiot.

Ces hommes qui ont réussi ne sont pas arrivés du premier coup au sommet. Ils ont dû apprendre. On n'apprend rien en restant chez soi à faire du tricot – sauf si on apprend à faire du tricot.

Les femmes qui ont réussi n'ont jamais échoué. Tout ce qu'elles ont eu à faire, c'est de se pointer avec un petit haut bien court, ou d'offrir, sans enthousiasme, quelques pipes. Dans les deux cas, ça ne change rien au fait qu'aucune femme n'a jamais pris le moindre risque dans sa vie.

Nous le savons tous, et la science l'a même prouvé.

Une étude récente explique que la testostérone a un impact non négligeable sur les risques que l'homme est prêt à prendre, plusieurs fois, et sans aucune raison. Absolument aucune putain de raison, si ce n'est une belle grosse cicatrice à son actif de gagnant.

Sans déconner. J'aurais même pu vous le dire sans subvention gouvernementale. Quelle autre raison que ses testicules pousserait un homme à parler à une femme, voire à baiser avec elle, alors qu'elles sont tellement nulles ? Et une autre cicatrice à son actif, une !

Les scientifiques ont découvert une augmentation significative de la testostérone chez les sujets mâles qui désirent rejouer un jeu inutile, et dénué de sens, alors qu'ils ont déjà été battus. C'est la plus évidente logique que de comprendre que ça s'applique à tout et n'importe quoi dans la vie. Les hommes n'ont, *intrinsèquement*, rien à foutre de l'argent ou de la baise. Ce ne sont pas ces raisons qui nous ont fait construire des vaisseaux spatiaux, inventer la musique ou découvrir les enseignements de Jésus. On n'a pas fait ça pour coucher. On a fait ça parce qu'on ne tient pas en place. *Ça* bouge tout le temps !

Que la biologie et la science aillent se faire foutre, puisque de toute façon les femmes n'y comprennent rien. Les hommes sont meilleurs que les femmes car quand on cherche le match nul, on est le premier perdant. Égaux, les hommes et les femmes ? Perdu ! Vous voyez comment ça marche... Revenez quand vos couilles seront tombées – c'est-à-dire jamais.

Ça me fait mal au cul

Les femmes ne sont capables que d'une seule chose : avoir des enfants. La compétence n'a pas grand-chose à voir là-dedans, d'ailleurs, c'est surtout un système de défense contre le travail. Un petit peu comme le poulpe projette de l'encre tout autour de lui pour échapper aux requins. Les femmes crachent un bébé à chaque fois qu'elles se sentent menacées par un éventuel travail.

Les femmes utilisent aussi le fait de porter des enfants comme preuve d'une plus grande tolérance à la douleur que les hommes. Ça, c'est vraiment n'importe quoi. Heureusement que la science est là pour nous éviter le pire.

Le Dr Roger Fillingim, avec quelques autres, a mené une étude pour déterminer quel sexe tolérait le mieux la douleur et si, ou non, les œstrogènes y jouaient un rôle. Je n'en ai pas grand-chose à faire : les œstrogènes, c'est répugnant, et j'apprécierais volontiers que les femmes gardent leurs hormones et leurs liquides pour elles. Cette étude prouve, sans le moindre doute, que les hommes supportent mieux la douleur que les femmes. Beaucoup mieux.

Dans ce putain de monde, ça semble évident. Je m'en suis rendu compte la première fois qu'on m'a frappé dans les couilles, et que je suis resté au sol plusieurs minutes. J'avais déjà vu une fille dans la même situation, après avoir reçu un ballon sur la tête. J'échange dix coups de ballon sur la tête contre un seul dans les couilles, et aucun jury masculin au monde ne me fera condamner pour ça.

D'où vient ce mythe, alors ?

Une femme saisira toujours l'occasion de brailler comme un âne alors qu'on la traite comme une princesse. Le mythe n'a donc pas pour origine le stoïcisme bidon des femmes.

Vous imaginez une femme qui choisit de se taire parce qu'elle croule sous les attentions ? Même moi, avec mon i*man*gination extraordinaire, je ne peux pas.

Les femmes *ont l'air* de mieux tolérer la douleur, parce qu'elles ne font jamais rien. La tolérance à la douleur, c'est comme l'amendement sur l'égalité des droits. Sur le papier, ça sonne bien, mais dès que les femmes le mettent en application, tout se casse la gueule.

Les femmes ne font strictement rien jusqu'au jour où elles ont un enfant. Elles se mettent alors à hurler comme des damnées, en proclamant qu'aucun homme ne peut imaginer ce qu'elles endurent.

Je ne suis même pas certain qu'un accouchement soit, d'aucune façon, douloureux. Ça ne peut pas l'être autant que d'avoir à écouter les opinions d'une femme à longueur de journée. Ça, c'est une douleur contre laquelle on ne vous donnera même pas de Demerol (*NdT* : un puissant anti-douleur).

Tu en prends deux, et tu ne me rappelles jamais

Les hommes sont meilleurs que les femmes quand ils sont malades. Ils ne geignent pas, ne se plaignent pas, ne portent pas d'atroces pantalons de survêtement et ne regardent pas, toute la journée, des films sur Oxygen (*NdT* : chaîne de télévision américaine qui s'adresse aux femmes). On n'a aucune envie incontrôlable particulière, on ne prend pas tous ces kilos en trois jours, on ne fait pas un break en laissant la maison dégueulasse, on ne se met pas à pleurer pendant des heures, et surtout on ne déclare aucun moratoire sur le sexe oral.

Comment pourrions-nous arrêter quelque chose que nous ne faisons déjà pas ?

Quand les femmes disent être malades, elles font de toute façon semblant. Elles reniflent un peu et immédiatement, c'est la bronchite surinfectée. Elles lâchent une bouilloire sur leur petit doigt de pied, et ça y est, il est cassé. Une femme est nulle en lecture, mais tout à coup la voilà qui souffre d'un putain d'un problème de concentration ou de dyslexie. Du beau baratin de baratineuses.

Les femmes simulent tout, et la science peut le prouver.

Il a été démontré que les femmes ont un meilleur système immunitaire que les hommes. Elles ne savent même pas ce dont il s'agit, mais le leur est meilleur – des tonnes de recherches sont d'accord avec moi.

Ce n'est pas une bonne chose ?

Non.

Vous êtes sérieux, bordel ? Est-ce que les aides qu'on offre aux femmes, au boulot ou à l'université, les font mieux travailler ou réfléchir ? Non. Est-ce qu'acheter un nouveau 4x4 à une femme parce que Madame en a assez de l'ancien la rend meilleure conductrice et moins ingrate ? Non.

Où est le chromosome Y de Charlie ?

Les gens qui n'y connaissent rien en sciences (les femmes) prétendent que le chromosome Y disparaît doucement de l'espèce humaine.

Ça signifie que dans un million d'années, il n'y aura plus d'hommes. Il n'y aura donc plus non plus de machines en état de marche, de bibliothèques, de gens pour remplir les formulaires scolaires des femmes, ni qui que ce soit pour expliquer pourquoi un tel bordel est arrivé. Quel extraordinaire paradis féminin ce serait ! Il n'y aurait plus de machines pour faire quoi que ce soit, on ne saurait plus ni apprendre, ni lire, il n'y aurait plus aucune religion sensée, ni explication à rien. Plus de responsabilités, et plus aucune cause.

Quel dommage que la disparition du chromosome Y ne soit qu'une grosse connerie.

Les femmes sont toutes comme Hitler – elles ont une grande gueule pour raconter tous leurs trucs idéalistes, et puis la première chose qu'elles sortent de leur chapeau, c'est le génocide et l'extinction de masse. Voici un exemple de ce qu'un homme pourrait dire, suivi par la réponse d'une femme :

« N'ayant pas à supporter le stress d'être la seule personne qui permet à sa famille de se nourrir, les femmes vivent plus longtemps que leurs époux et, à cet effet, accumulent les fonds de pension gouvernementaux, sans pour autant participer ni contribuer à quoi que ce soit. Par conséquent, elles ne parasitent pas uniquement l'économie, mais les fondements mêmes de celle-ci. »

Et maintenant, la réponse typique de la femme :

« S'il n'y avait pas les femmes, tu ne serais même pas là, salope de pédé ! Espèce de femme ! Lorsque ton chromosome Y disparaîtra, tu seras tout désolé de ne pas t'être occupé des princesses de quatre-vingts kilos que nous sommes ! »

Touché, madame. Toutes mes félicitations.

Pourquoi le chromosome Y ne disparaîtra-t-il pas ? Parce que c'est celui de Dieu. Il possède tout un tas de capacités secrètes, liées à tout un charabia dont je ne veux même pas entendre parler : on est ici pour expliquer pourquoi les hommes sont meilleurs que les femmes, pas pour parler de putain de science. Si vous voulez des détails, passez un diplôme, ou exprimez-vous ; vous êtes un homme : l'explication correcte sortira forcément de votre bouche, que vous la connaissiez ou non.

Les scientifiques hommes ont découvert que le chromosome Y possédait un gène supplémentaire lié au cerveau. C'est l'un parmi quatre composants, ou engrenages du chromosome Y, qui induisent quatre impulsions dans le fœtus, à chaque fois de « fille » vers « garçon ». Comme personne ne sait exactement quel est le rôle de ce quatrième gène, je me lance dans une explication :

il permet au cerveau de passer de OFF à ON.

L'orthographe et la chlamydia

Pour les hommes, « herpès » s'épelle « Mort-d'une-vie-Sexuelle-Trépidante », ou « MST ».

Devinez comment s'épelle une maladie vénérienne pour les femmes ? « ALLER ». Comme dans *aller* faire la fête, *aller* brancher des mecs, et surtout *aller* baiser le plus possible. Le monde est votre écrin sexuel.

50 % des femmes sexuellement actives ont eu la chlamydia au moins une fois dans leur vie. C'est absolument exact, comme tout ce que je dis. C'est surtout stupéfiant, putain ! Ça signifie que la femme avec laquelle vous allez coucher a une chance sur deux d'avoir une maladie vénérienne.

Pile ou face, et vous êtes baisé ! Combien d'hommes ont sur eux des préservatifs, tous les week-ends quand ils sortent en boîte, même s'ils ont largement moins de 50 % de chances de baiser ? Beaucoup. La plupart d'entre eux, en réalité. C'est la différence entre les hommes et les femmes. Les hommes font très attention à jouer selon les règles, surtout quand il s'agit de leur bite. Les femmes, elles, déambulent dans la vie en croisant les doigts et en fermant les yeux, pensant que tant qu'elles ne voient pas la chlamydia, la chlamydia ne les voit pas.

Les sentiments tuent

Les sentiments sont la source des plus grands merdiers provoqués par les femmes, et de leur inadaptation, mais ils sont aussi la raison pour laquelle elles détestent tant les enfants.

Non seulement les sentiments ruinent toute relation sexuelle, mais ils freinent le processus de guérison.

Une récente étude de l'Université de Columbia explique que les hommes virils guérissent plus vite. On a fait passer certains tests à des hommes, puis on a mesuré leur vitesse de récupération. Ceux qui, en passant ces tests, ont montré une vraie retenue dans leurs émotions, ont guéri environ un million de fois plus vite.

Je ne parle pas ici de petites conneries, qui passent en quelques jours avec du Zovirax. Ces hommes souffraient de lésions au cerveau et de blessures à la moelle épinière. Les cerveaux et les colonnes vertébrales des hommes dénués d'émotions se soignèrent plus vite que ceux des femmes ; sans doute parce que les femmes sont des désastres émotionnels, et que les sentiments vous foutent à plat.

Penn & Teller

Lors d'une de leurs émissions (*NdT* : Penn & Teller, deux magiciens iconoclastes, présentent à la télévision le programme *Bullshit!* – Conneries !), Penn & Teller poussèrent un groupe de gens à exprimer ouvertement leurs émotions, et un autre à rester sur la réserve. Et quelle fut leur putain de conclusion ? L'expression des sentiments est la conséquence de l'exagération et de l'amplification desdits sentiments. Les hommes l'ont toujours su. Les émotions, c'est un concours de conneries auquel les femmes s'inscrivent dès l'âge de deux ans, et participent toute leur vie. Pas étonnant, après, qu'elles n'aient jamais rien accompli. Chaque jour, chaque minute, elles s'entraînent pour ce marathon d'émotions à la con. Moi aussi, ça m'épuiserait, si ce n'est que je suis un homme, donc jamais fatigué ni malade.

Les hommes ont un cerveau plus réactif

J'ai fait sensation parce que j'ai déclaré que les femmes avaient la mémoire d'un poisson rouge. Un poisson rouge est une bête capable de s'auto-dévorer si elle a oublié de se nourrir moins de cinq minutes avant.

Cependant, dire que les femmes ont une mémoire de poisson rouge n'est pas exact. Les femmes se souviennent très bien de tout un tas de conneries. Elles ne se souviennent de rien d'utile, comme d'un trajet, ou de se comporter au pieu d'une façon marrante, et pas comme leur mère, ou encore que quand le boulot commence à neuf heures, ce n'est pas neuf heures trente-cinq, bordel.

Une étude récente explique que la capacité d'analyse, comme par exemple être attentif au *business* et faire correctement son boulot, n'est pas une fonction liée à la mémoire, mais à la mémoire sélective. « Putain, c'est intéressant, ça », ai-je alors pensé de façon sélective.

On pourrait dire que la capacité d'analyse, c'est comme tirer la chasse aux toilettes. Votre problème flotte à la surface, et la solution c'est de tirer la poignée d'un coup sec. Un peu de merde tourbillonne, et puis tout disparaît.

Le cerveau de l'homme marche comme ça : problème, élimination, résolution. Le cerveau de la femme est exactement le même, à ce détail près que personne n'a tiré la chasse depuis des années. N'importe quel homme vous le dira, ça ne sert à rien de tirer la chasse de toilettes complètement bouchées, surtout avec de la merde. Tout ce que ça donnera, c'est un terrible et énorme bordel, qui rendra la métaphore dix fois plus exacte et hilarante, car c'est très exactement ce qui arrive quand une femme réfléchit.

« Jusqu'à récemment, on disait que les gens possédant une grande mémoire visuelle se souvenaient de plus de choses, mais en réalité tout est une histoire de réactivité – un mécanisme nerveux qui contrôle quelles informations sont prises en compte. » Edward Vogel, un homme.

Si le cerveau était une boîte de nuit, celui de l'homme serait protégé par un grand mec balaise, qui ressemblerait à ce gars, Zeus, dans le film *Cadence de combat*, avec Hulk Hogan. Très bon film. On comprend ce qu'ils disent, et si vous n'êtes pas habillés correctement, vous n'entrez pas. C'est pour un anniversaire ? Et mon poing dans ta gueule ? Bon anniversaire !

Devant les boîtes pour femmes, il y a un panneau qui indique un récipient avec des bonbons, et qui précise « Merci de n'en prendre qu'un seul ». Un connard quelconque avait fait ça dans mon quartier, pour Halloween, et après deux gamins il n'y avait déjà plus rien. Si ça se trouve, il avait posé un récipient vide, avec le petit panneau. Malin !

Les femmes se remplissent le cerveau de tellement de conneries que « faites une vidange » ou « ne vous comportez pas comme une salope » sont laminés par « Ryan, avec qui je bosse, il adore le motocross » ou « l'amour, ce n'est pas une histoire de régime ».

Les femmes n'ont aucune idée de ce qu'est la priorité de la mémoire, pas plus qu'elles ne comprennent quelles sont les priorités de la vie. S'il vous est déjà arrivé d'observer une femme essayant de poser en équilibre, sur le toit de sa voiture, son café brûlant ou son bébé, pendant qu'elle se sert de l'essence, vous voyez très précisément ce que je veux dire.

Et la réponse est : la télévision, la syphilis et les chats

Comme tous les hommes, je déteste les chats.

Les femmes, par contre, ne s'en lassent jamais. Il semblerait qu'elles ne se lassent pas non plus des parasites qui leur dévorent le cerveau. Devinez ce que ça explique ?

Beaucoup de choses.

La toxoplasmose est une saleté de parasite du cerveau, que l'on retrouve dans les intestins du chat. Je n'ai pas lu grand-chose sur la question, parce que ce livre n'a pas pour but de traiter d'une série de conneries médicales ennuyeuses, et encore moins des chats. Lorsqu'ils en parleront dans *Dr. House*, j'apprendrai peut-être des choses, mais d'ici là, niet.

En ce qui me concerne, une maison qui pue la pisse et la merde de chat, c'est de toute façon encore pire que le plus petit parasite du cerveau. Dans les deux cas, c'est 24 h/24, et la vie est franchement pathétique.

J'en ai cependant lu suffisamment sur cette putain de toxoplasmose pour avoir aperçu de nombreuses fois les mots

« chats » et « lésions cérébrales majeures ». C'est plus que plausible ! Et un élément supplémentaire à ajouter à l'énorme dossier « les hommes sont meilleurs que les femmes », un !

Les femmes aiment les chats au moins autant qu'elles adorent les talons hauts ou les petits copains qui les traitent mal. Elles ne se lasseront jamais de tout ce qui peut les faire souffrir. Ça atteint leur cerveau, sans aucun doute. Je me suis penché sur certains des symptômes liés aux lésions cérébrales pour dissiper mes doutes.

« Parmi les symptômes de lésions cérébrales, on trouve : manger trop, ou pas assez (...). »

Si je devais résumer toutes les femmes en une phrase, ce serait celle-là. C'est un peu comme la classification des nombrils rentrés ou saillants, mais qui concernerait les femmes. Elles sont toujours dans l'excès, trop ou pas assez – en général c'est le premier cas, mais bonne chance si c'est le second, car vous avez affaire à une putain de vraie tarée qui va vous sortir des « beurk » pendant quatre mois.

« (...) Agitation, léthargie, irritabilité. Sentiment d'inutilité, de néant, culpabilité infondée. »

Ces symptômes sont pour moi la preuve que *toutes* les femmes ont des putains de lésions cérébrales, pas juste celles qui ont des chats.

« La toxoplasmose peut s'attraper en nettoyant le bac à litière des chats, ou simplement en touchant tout ce qui a été en contact avec les matières fécales de l'animal. »

C'est-à-dire à peu près tout dans la maison d'une femme qui en possède un, son oreiller inclus. S'il vous arrivait d'y entrer – ce qu'il faut au maximum éviter – balancez votre blouson par terre, dehors, ou au milieu de la rue. Sinon, n'imaginez même pas une seule seconde qu'une fois à l'intérieur, il ne servira pas de papier toilette pour le minou.

« Les symptômes peuvent aussi inclure : des douleurs musculaires, ou d'autres souffrances qui pourront durer pendant un mois ou plus (...). »

Au bout du compte, il m'a été impossible de trouver un symptôme que les femmes n'avaient pas. Ce qui nous ramène à cette question vieille comme le monde : comment savoir si une merde inutile est cassée ? Comme c'est une merde inutile, il n'y a rien à en attendre.

Les enfants savent déjà beaucoup de choses. Ils possèdent une sagesse innocente, louée dans de nombreux textes spirituels depuis l'aube de l'humanité ; les garçons, en tout cas. Il me semble que dans le cas qui nous intéresse, ils peuvent nous apprendre quelque chose :

Les femmes sont malades, et ça leur mange le cerveau.

La preuve par les manchots

Il était une fois plein de putains de manchots qui vivaient dans l'Antarctique. Chaque année, pendant une journée, tous les manchots se réunissaient et baisaient les uns avec les autres. Des œufs étaient pondus, et si vous avez déjà eu des enfants, vous connaissez la suite. Les femelles partent du principe qu'elles sont épuisées, déconnent à plein tube, s'en vont et mangent jusqu'à ce qu'elles soient tellement gavées de poissons qu'elles peuvent à peine marcher. Pas la peine de préciser que leur allure lourde et pataude ne s'est pas améliorée.

L'histoire que je décris est la trame d'un excellent documentaire sur les manchots, *La Marche de l'empereur*. Réalisé par des hommes. Contrairement aux femmes, les hommes ont besoin d'atteindre un but pour devenir célèbres. Il nous faut gravir des montagnes infranchissables, et faire face aux très dures conditions climatiques de l'Antarctique pour réaliser des brillants documentaires. Des hommes totalement défoncés ont ruiné des Ferrari Enzo sur l'autoroute de la côte Pacifique, également, ce qui est incroyable.

Les manchots ont beaucoup à nous apprendre sur la survie par grand froid, et sur la pêche, mais ils nous donnent également une grande leçon sur la supériorité des hommes sur les femmes. Dans *La Marche de l'empereur*, les femelles sont totalement inutiles. Elles ne passent qu'un mois environ sans manger, et les mâles quatre. Elles s'arrangent pour que ce mois soit celui de la période d'accouplement, pendant laquelle elles doivent se caler un petit œuf sous le cul, tout en gardant l'équilibre d'une manière ridicule face à des vents d'une force démesurée ; et elles n'arrêtent pas de faire du bruit.

La seule chose que les femelles manchots font correctement, c'est se provoquer les unes les autres pendant la période nuptiale. Je ne connais pas les liens génétiques exacts entre l'homme et son ancêtre le manchot, mais il me semble assez improbable d'avoir un pénis et de ne pas apprécier un bon combat de catch féminin.

Les femelles manchots, pas plus que les femmes, sont incapables de protéger leurs petits. Quand elles reviennent de leur festin aquatique, se laissant glisser sur leurs ventres distendus et remplis de poisson, envoyant les mâles maigres et affaiblis récupérer les restes, les premiers plans que l'on découvre sont ceux de rapaces qui descendent en piqué, au hasard, sur les bébés manchots, qu'ils attrapent comme des miettes de pain.

Très franchement, ça m'a rendu malade, et je ne vois pas comment on peut regarder ces scènes-là sans penser à tous ces petits enfants, kidnappés dans les jardins publics, pendant qu'une mère irresponsable est assise dix mètres plus loin, à jacasser dans son portable tout en sirotant un café à trois euros.

Mais il n'y a pas que la négligence : les femmes sont aussi *directement* responsables de kidnappings d'enfants. Vous n'imaginez même pas ce qu'on voit dans *La Marche de l'empereur* : lorsque l'une de ces mères, gavée de poisson, lâche accidentellement son petit, le condamnant à une mort certaine, son premier réflexe est d'aller rafler celui d'une autre. La grande classe, les filles.

Les femmes sont-elles plus intelligentes que les chevaux ?

Chaque jour, des milliers de fois, les femmes reviennent vers des maris violents, ou tapent « répondre à tous » après un e-mail reçu au bureau, alors qu'il n'y a aucune raison de se tromper de touche pour ne répondre qu'à une seule personne. Putain, mais c'est un mail de cul, là ! Il contient le mot « bite » au moins soixante-dix fois. Vous pensez vraiment que l'anti-spam ne va pas le repérer ? Et si vous preniez deux putains de secondes supplémentaires pour ne pas vous tromper avant de taper sur la pire de toutes les touches ?

Dans une étude inédite, les docteurs Paul Irwing et Richard Lynn expliquent que les hommes sont supérieurs aux femmes. Mais une étude sans statistiques, c'est comme un club de strip-tease où les filles garderaient leurs soutifs.

En moyenne, les femmes sont cinq points de Q.I. plus bêtes que les hommes.

Deux fois plus d'hommes que de femmes ont un Q.I. supérieur à 125.

Un génie (soit un Q.I. de 155 minimum) a 85 % de chances en plus d'être un homme.

Les femmes ont des poches de jeans trop étroites pour y mettre quoi que ce soit.

On pourrait ajouter que la femme conduit mal, n'hésite pas une seconde à tomber enceinte alors qu'elle n'a pas de travail, ou encore n'a absolument jamais réussi à finir des mots croisés sans l'aide d'un homme.

Femelles moustiques et femelles humaines, même combat

Saviez-vous que seules les femelles moustiques sucent votre sang ? Les *man*stiques, eux, ne branlent rien et restent peinards chez eux, j'imagine ; qu'importe, du moment qu'ils ne se conduisent pas comme des connards.

Les femmes *et* les moustiques :
1 : Sucent votre sang
2 : N'arrêtent pas de faire du bruit dans vos oreilles

Le genre transcende les espèces. Les femelles moustiques pompent votre sang, et les femelles humaines vous pompent la vie, et vous vident de vos rêves. L'essence même de l'homme est plus facile et marrante à trouver ailleurs, mais les femmes ne sucent jamais parce que c'est facile ou marrant – juste pour l'argent. Tout est tout le temps une putain d'épreuve. C'est comme regarder un DVD défectueux de *Rudy* (*NdT* : Rudy, « l'incorrigible petit cochon » !) qui saute et se bloque, avant toute forme de satisfaction. C'est beaucoup de travail.

Le symbole de la bêtise

L'astrologie est l'une des choses les plus bêtes et sans valeur au monde.

C'est tellement idiot que je n'arrive même pas à imaginer un homme capable de proposer un truc encore plus con. Tout ça parce qu'il y a dix mille ans, ou qu'importe quand cette merde a été imaginée, un homme s'est demandé : « Qu'est-ce que je pourrais imaginer qui soit la pire connerie de toutes ? L'astrologie ! »

Bien que les hommes l'aient inventée sur le mode de la plaisanterie, nous sommes quand même meilleurs en astrologie que les femmes.

En général, les hommes évitent soigneusement tout ce bordel, balançant toutes ces pathétiques conneries dans un grand sac en plastique, sur lequel pourrait être écrit « ce n'est pas mon problème » ; un peu comme avec la ménopause. Rien à foutre.

Les hommes n'en ont vraiment rien à faire, de l'astrologie. Bien sûr, je peux vous dire quels signes sont ceux de l'eau, et que le mois où vous êtes né indique que vous préférez les sandwiches à la mortadelle qu'un coup de poing dans la figure ; mais je peux aussi vous dire que « Bennie and the Jets » portaient des bottes électriques et des costumes en mohair (*NdT* : référence à la chanson d'Elton John du même nom, et à ses paroles).

L'astrologie, c'est un ensemble de conneries dénuées de sens, inventées par des hommes qui s'ennuyaient, grâce à leur i*man*gination sans borne, il y a quelques milliers d'années. Un point pour les hommes, qui ont su perdre leur temps *exprès*, et aucun pour les femmes. Mais alors pourquoi suis-je capable de vous dire, par exemple, qu'un Lion peut dévorer jusqu'à la moitié de son poids en chocolat, ou qu'un Scorpion est plus paresseux le mardi ?

Je vais vous le dire, pourquoi. Pour chaque invention astrologique faiblarde que j'ai en tête, les femmes en ont cent. Pour chaque texte proposant un vague et insipide pronostic sur lequel je suis tombé par hasard, les femmes en ont lu un millier volontairement. Elles vivent et respirent pour ces conneries. Les femmes en ont appris par cœur tous les couplets – chaque ligne, chaque mot de ces absurdités puériles. Les femmes cherchent tellement désespérément à se définir autrement que par la longue liste de leurs échecs, qu'elles s'accrochent à l'astrologie comme l'ancre d'un bateau qui sombre.

Elles n'y recherchent pas pour autant des réponses, mais juste des conseils, ou des excuses – et pour ça, l'astrologie, c'est parfait.

Voilà votre caractère, ce dont vous avez peur, voilà pourquoi il ne faut pas vous sentir coupable de vous être encore comportée comme une salope : vous êtes Taureau. Et si vous avez quand même des remords, il vous suffit d'ouvrir le journal du jour pour regarder si c'est aujourd'hui que vous *devez* en avoir.

Tentez l'expérience par vous-même. Pour rigoler, apprenez-en un peu sur l'astrologie, et voyez si ça rend la conversation avec les femmes plus facile. C'est comme apprendre quelques tours de magie pour faire taire des gamins : ça marche.

La grossesse du cerveau

Le cerveau des femmes fait penser aux urinoirs sur un bateau : totalement inutile. C'est en tout cas ce que j'avais toujours considéré. Pourtant, une récente fournée de données scientifiques explique que cette stupide histoire de conception des bébés réveille le cerveau assoupi des femmes. Ce qu'elles en font, personne ne peut le deviner – sauf si vous alliez suggérer qu'elles en profitent pour surfer sur le net au boulot.

Chez les femmes, la grossesse augmente la taille de certaines parties du cerveau liées aux neurones.

En d'autres termes, la grossesse rapproche la taille du cerveau des femmes de celui de l'homme, le rendant ainsi meilleur.

L'utilisation du cerveau pour l'éducation des enfants stimule sa croissance.

Tiens donc ! Utiliser son cerveau, ce qu'un homme fait quotidiennement pour distraire ses amis ou ses collègues de bureau, empêchant ainsi ce putain de monde de sombrer dans l'enfer, le rend meilleur. Le cerveau, c'est comme un bon d'achat. Si vous le laissez sur un coin de votre bureau, pendant un mois, tandis que vous enchaînez les cafés en passant la journée entière à discuter sur Internet avec vos amis, il ne faut vous étonner si, quand vous le reprenez pour faire vos courses, il ne vaut plus rien.

Les rates vierges mettent cinq fois plus de temps à trouver la nourriture cachée que les mères rates.

Jamais je n'ai entendu parler d'une vierge capable de faire quoi que ce soit de valable, sans même parler du fait de trouver de la nourriture gratuite. Est-ce que la nourriture gratuite n'est pas *d'abord* la raison pour laquelle les femmes ont eu l'idée de « ne pas être vierge » ?

Maintenant, on sait exactement ce qu'est le baby blues. C'est le contrecoup dévastateur de la nature qui enlève à la femme son bandeau mental, et l'oblige, pour la première fois de sa vie, à voir le monde à travers des yeux plus masculins. C'est pour ça que les femmes enceintes deviennent ensuite de vraies catastrophes émotionnelles. Comme un homme qui se réveillerait, et réaliserait qu'il s'est trompé sur tout.

Les femmes sont aussi froides qu'une bière glacée

Les femmes ont toujours froid, et passent leur temps à ouvrir leur gueule pour le faire savoir.

Les femmes auraient soi-disant plus froid que les hommes, parce qu'elles ont une plus grande surface comparée à leur « volume » que nous, et une densité musculaire moindre. C'est une façon gentille de dire que les femmes ont plus de graisse que les hommes, bref, une façon gentille de dire que ce sont de grosses truies.

Les muscles massifs des hommes sont comme de petits réacteurs nucléaires, construits pour transmettre à la fois l'énergie et la chaleur nécessaires à nos merveilleux esprits. Contrairement à celui de la femme, l'esprit de l'homme fonctionne. D'où notre besoin supplémentaire de chaleur. Quand vous voulez démontrer quelque chose de simple à une femme, il vous faut une feuille et un crayon – elle a besoin d'un schéma. Sans ça, c'est comme si vous lui parliez chinois. Et si elle est chinoise, alors c'est du latin. Laissez tomber.

Être naturellement mince, encore un domaine dans lequel les hommes sont magnifiquement supérieurs aux femmes. C'est pour ça que *Curves*, le club de fitness pour femmes, est un business aussi florissant.

C'est surtout parce qu'il est dirigé par un homme, que *Curves* fonctionne aussi bien. Si *Curves* ne s'adressait qu'à des femmes, et était dirigé par une femme, ça marcherait aussi bien que des « lesbiennes » qui élèvent un enfant.

Les femmes ont plus froid que les hommes parce qu'elles sont grosses et adorent se plaindre. Si vous cherchez des explications plus scientifiques, pourquoi, à votre avis, ont-elles ces putains de règles ? Pour le fun ?

Le subconscient du cerveau masculin

On devrait renommer la science « meilleure amie de l'homme ». Ou encore mieux, si on pouvait la croiser avec un chien, on pourrait même discuter.

Ce qui est sûr, c'est qu'on ne parlerait pas de ces chiens robots créés par Sony. N'importe quoi, ça.

Et puis, que les chiens aillent se faire foutre. Depuis qu'ils se sont laissé enfermer en fourrière, sans même mordre le cul de tout le monde, la science s'occupe d'eux. Bonne chance pour la prochaine fois, les mecs.

Une étude récente explique que l'inconscient du cerveau aide à prendre de meilleures décisions que la partie consciente.

« (...) À force de trop réfléchir, les gens finissent par faire le mauvais choix. Si la partie consciente de leur esprit était entièrement occupée à résoudre des énigmes, leur inconscient pourrait, beaucoup plus librement, considérer toutes les informations, puis prendre de meilleures décisions. »

Ap Dijksterhuis, un homme.

Voilà qui explique pourquoi les hommes sont tellement meilleurs que les femmes pour ne pas foutre leur vie en l'air, au point que le gouvernement doit installer des logements temporaires, pour elles et leurs enfants battus, tout ça pour qu'elles espèrent obtenir un travail de serveuse. Quelle putain de réussite. Tombe enceinte si tu veux, mais me resservir un autre café, c'est possible ?

Si la pensée dirigeait la cuisson d'un délicieux friand à la viande, les femmes videraient un sac de fast-food et de tortillas dans une casserole, puis balanceraient le tout sur la table en fronçant les sourcils, accompagnant leur acte d'un discours agressif parce que vous n'avez pas l'air d'apprécier ce que vous allez manger. Nous autres, les hommes, faisons cuire nos idées à petit feu, au-dessus des brûleurs mentaux du fond, là où tombe la graisse de la réflexion, et ce depuis des décennies. C'est pour ça que ça a si bon goût. C'est cette vieille graisse dans le fond.

Les hommes laissent leur sub*man*conscient faire tout le travail. Ça devrait vous faire réfléchir. Ou plutôt non ! Vous êtes un homme, vous avez forcément déjà pris la bonne décision.

Les femmes : parasites dès la naissance

La moyenne du taux de divorce mondial est de 50 %. Et puis... même si ça n'était pas le cas, qui ça intéresse ? Le problème, en plus de parler tout le temps et de ne rien faire, c'est que la femme moderne ne sait même plus comment compenser ses défauts au sein du mariage, et faire preuve d'un minimum de respect.

De nos jours, les femmes ont des opinions, et plus des tâches ménagères.

Les femmes sont toujours à l'origine des divorces : qu'il s'agisse de votre épouse, de ses putes de copines, de sa mère, et même de votre propre fille, elles sont toutes contre vous pour détruire un acte sacré. Le sacrilège et la femme ne font qu'un.

Vous ne me croyez pas ? Alors vous croirez peut-être mon amie, la science.

Gordon Dahl et Enrico Moretti ont établi les données suivantes :

Les parents d'un fille ont 5 % de plus de chances de divorcer.

Les parents de trois filles ont 10 % de plus de chances de divorcer.

Les mères seules qui élèvent une fille sont complètement foutues. Les femmes sont un poison dans une relation, qu'importe leur âge. Qu'elles veuillent faire des économies en offrant à leurs enfants le « Métier de Rêve de Barbie », ou qu'elles aient dix ans et jouent avec la « Maison de Rêve de Barbie », les femmes ruinent les mariages.

Quand je suis tombé sur cette étude, j'étais sidéré. Les petites filles sont encore plus minuscules et vaines que les femmes. La petite fille en sait encore moins que la femme, et a besoin d'au moins autant d'assurance et d'aide que son double plus grand et plus borné. Et si toute cette attention supplémentaire était la cause de la faillite du mariage ?

Les petites filles coûtent beaucoup plus cher à élever que les petits garçons

Les hommes ont ce qu'on appelle de l'i*man*gination. Ça nous permet de transformer une boîte en carton en navette spatiale, en voiture de course ou en toilettes mobiles pour chantier. Les petits garçons n'ont pas tout le temps besoin d'être surveillés, et ne réclament pas de vêtements hors de prix et autres conneries qui brillent. Les petits garçons savent lire.

Mais en plus de toutes ces petites dépenses à la con, la petite fille moderne veut qu'on lui finance son mariage *et* ses études ! C'est la goutte d'eau qui fait déborder le vase.

Les petits garçons pètent une grosse durite à cause des divorces

Si ça ne tenait qu'aux garçons, les mariages seraient heureux. Vous voulez vraiment que les meubles de votre chambre soient détruits par le feu, ou avoir à emmener votre ado tous les jours en voiture, parce qu'il est interdit de bus scolaire ? Jamais de la vie !

Personne ne veut une fille

Ça a l'air un peu dur, comme ça, et c'est la raison pour laquelle les femmes n'ont pas le droit de lire ce livre, mais alors que tout le monde adore sa petite fille, personne, pourtant, n'en veut. Cindy Crawford adore son grain de beauté, et Owen Wilson aime sûrement beaucoup son nez en forme de pénis (*NdT* : l'acteur a eu son nez plusieurs fois cassé *et* est sans doute gay), mais à l'arrivée, les deux sont très décevants. Un garçon, ça invente le nouvel IBM, ou ça rejoint les Marines. Quelque chose dont il peut être fier.

Une fille, elle va faire quoi ? Se marier avec un homme riche ?

Exactement comme garder une femme grandeur nature avec soi avoir une petite fille implique une grande générosité financière. Apprenons des Chinois : remplaçons-la par un garçon.

Les femmes plaignent les violeurs

Une femme qui, dans un gouvernement, a des responsabilités autres que de taper les paroles en or qui sortent de la bouche des hommes, ou de préparer le café, est un désastre potentiel. Pas un désastre comme d'être deux heures en retard à une soirée, parce que votre femme ne sait pas lire les indications, mais du soufre brûlant qui pleut du ciel, et des putains de jets de lave projetés partout, comme dans la Bible.

Les femmes passent trop de temps à se plaindre elles-mêmes pour être en mesure de terminer quoi que ce soit. Avec elles, c'est tout le temps. Elles ne sont même pas capables de s'éclater devant un film génial avec Nicolas Cage, ni à la plage, quand on leur apprend à lancer correctement un frisbee, car elles sont trop occupées à se plaindre.

Snif, que c'est triste, vous avez des nichons – et vous êtes nées avec une carte noire American Express. Remettez-vous.

Les femmes sont également désolées pour vous. Même si vous étiez plein aux as, ou si par miracle vous saviez voler, toute autre femme vous plaindrait quand même – et vous détesterait, aussi.

Les femmes plaignent les chiots, les chatons, mais aussi les bébés phoques avec leurs peaux hors de prix, et leurs petites nageoires glacées. Elles plaignent le Coca light et les faux cookies. « Y a-t-il quelqu'un qui apprécie le Coca light pour ce qu'il est ? », demandent les femmes. « Apprécions-nous le Coca light pour son goût, ou malgré son goût ? »

Les femmes plaignent les vieux tee-shirts et les machines à laver. Elles plaignent les voitures en panne que l'on revend, et les vieilles paires de ciseaux que l'on prête et qu'on ne revoit plus jamais. Elles plaignent les cailloux, les brindilles, les tissus tachés, les verres cassés, les poignées de porte qui grincent et les pneus crevés sur le bord de la route. Les femmes se complaisent dans la tristesse tous les jours de leur vie, comme si leurs parents étaient partis en vacances en les abandonnant dans la piscine gonflable du jardin. Les femmes plaignent même les violeurs.

Une étude récente a publié les conclusions suivantes :

Quand les gens obtiennent ce qu'ils méritent, le cerveau des hommes fonctionne comme il se doit : parfaitement, et à 100 %. Celui des femmes, par contre, est totalement merdeux.

Le cerveau des femmes s'éclaire d'empathie, comme une machine à sous, lorsque quelqu'un reçoit un petit choc électrique mérité. Le cerveau des hommes, lui, s'éclaire de joie. Par extension, on peut affirmer que les femmes n'ont aucun sens de la justice.

Œil pour œil : c'est inscrit dans l'ADN masculin. Remercions Dieu de l'avoir mis là. Vous vous souvenez, de Dieu ? C'est ce mec qui vous a pourvu d'une queue.

Et les transsexuels, alors ?

Lorsqu'on explique pourquoi les hommes sont meilleurs que les femmes, où met-on les transsexuels, bordel ?

La science a réponse à tout, et même à ça : les hommes sont meilleurs que les femmes comme transsexuels, et comme homos. C'est d'ailleurs sans doute la même chose. Qu'est-ce que j'en sais, putain ?

Voici une série de faits aussi virils que scientifiques, qui confirment mon point de vue. Ces preuves que l'on apporte, c'est ça qui rend la science si masculine. La jubilation encore plus scientifique qui s'ensuit vous offre tellement de points mâles, qu'il vous faudra un sac bien viril (« man-bag ») pour tous les amener à votre banque d'homme (« man-bank »).

Une étude de l'Université d'East London a établi que les mecs homosexuels utilisaient leur cerveau comme les femmes, mais également comme les hommes. Coucher avec une femme n'est peut-être pas la tasse de thé des gays, mais ils savent se servir de leur cerveau pour de bien meilleures raisons que juste se retrouver avec une grosse.

« Les gays adoptent des stratégies à la fois masculines et féminines. Ainsi, leur cerveau est comme une mosaïque sexuelle », dit un médecin impliqué dans cette étude. « Comme nous nous y attendions, les hommes hétéros utilisent plus la boussole que les gays ou les lesbiennes, et tiennent aussi mieux compte des distances (...), mais les gays se souviennent de plus de repères que les hétéros, et appliquent des stratégies d'orientation typiquement masculines. »

Si vous n'êtes pas sûr d'avoir tout compris, ou si vous avez sauté ce paragraphe parce qu'il vous ennuyait, je résume : les hommes sont meilleurs que les femmes en orientation, et meilleurs que les femmes pour la vie. Qu'y a-t-il de plus important, dans la vie, que savoir à quel putain d'endroit vous vous trouvez ? Si vous pensez à autre chose, c'est uniquement parce que vous êtes un homme.

Lorsqu'elles indiquent une direction, les femmes utilisent des repères comme « Tournez à gauche là où mon mari m'a engueulée la semaine dernière » ou « Vous vous souvenez de cette pub pour le café, dans les années 80, avec ces quatre femmes qui discutaient de leurs vacances au ski ? » Vraiment très utile sur la route.

J'ai un ami dont le dicton préféré est : « On ne peut pas cirer un étron. » Je ne sais pas où il a appris ça, c'est sans doute un autre homme qui lui a dit. Après tout, c'est ainsi que la sagesse se transmet à travers les âges, et également la raison pour laquelle nous avons des fusées et la pénicilline, à la place des charrettes et de la syphilis. La femme garde pour elle toute éventuelle sagesse qu'elle aurait pu réussir à trouver, comme s'il s'agissait de son code de carte bleue.

CHAPITRE 5
LE MANIFESTE

Franchement, y a-t-il quelque chose de plus noble et de plus viril que d'être un homme ? Sûrement pas. Il m'arrive parfois de vouloir être une femme, juste pour pouvoir apprécier à quel point c'est merveilleux et *man*taculaire d'être un homme, sans que cela soit brouillé par l'échelle de référence de mon savoir absolu.

Mais alors je ne serais plus un homme. Et pour moi, Dick Masterson, ce ne serait pas une vie.

Le MANifeste qui suit référence tout ce qui existe de plus viril, et les façons les plus masculines de démontrer que les hommes sont meilleurs que les femmes. Pas de science dans cette partie, mon ami. Elle déborde de quelque chose qui sera toujours beaucoup plus logique que la science : la virilité.

Les mariages sont comme des chiottes en or. Tirez la chasse

Est-ce vraiment une surprise que le deuxième passe-temps préféré des femmes – organiser son mariage – soit une énorme perte de temps et d'argent ?

C'est évident.

Les mariages sont une perte gigantesque de temps et d'argent, et la chose la plus bête qu'un jeune couple, ou n'importe qui d'autre, puisse faire.

Je vous propose une hypothèse qui a dû, ou non, se produire six mille cinq cents fois par jour, tous les jours, rien qu'en Amérique.

Johnny Everyman (vingt-cinq ans, diplômé en commerce et en économie, et un petit boulot d'été où il vend des couteaux de cuisine) va officiellement se marier avec Jill Princess-Complex (vingt-deux ans, diplômé en histoire de l'art, n'a jamais eu de vrai travail de sa vie). Ça vous dit quelque chose ? Tu penses.

Est-ce que ce nouveau couple va :

A/ Verser un acompte pour une maison, grâce à leurs économies et à l'argent que leur ont offert leurs familles et leurs amis ?

B/ S'enfuir amoureusement, pour une centaine de dollars, vers le beau et romantique Palais de Justice du centre-ville ? (*NdT* : pour confirmer légalement l'acte de mariage)

C/ Organiser une fête extravagante qui videra leurs comptes en banque, encombrera leur cuisine de marchandises tape-à-l'œil et hors de prix de chez Eddie Bauer, dont ils ne se serviront plus jamais, et condamnera leur relation à des bouderies de chaque instant, dans l'ombre de la déception de leur bonheur envolé ?

Les hommes savent que les mariages sont idiots, parce que les hommes sont meilleurs que les femmes pour fonder une famille, et construire une relation saine avec l'être aimé. Traitez-nous de lâches si ça vous chante, il n'empêche que c'est entièrement vrai.

Même dans les domaines de prédilection des femmes – mariages, fiançailles – les hommes sont très à l'aise. Combien de femmes, par exemple, connaissent les six « C » des diamants, composants principaux de toute bague de fiançailles ?

En tant qu'homme, je peux vous les citer par cœur. Et comme chacun sait, je ne suis même pas marié.

Les six « C » des diamants sont :
coupe
clarté
couleur
certification
carat
Et évidemment, le sixième « C » est celle qui la porte.

Ce n'est pas parce que vous décrétez qu'un peigne est « indestructible » qu'il l'est pour autant. Ça reste une merde en plastique. Un mariage de rêve est tout aussi illusoire.

C'est quoi, les « points mâles » ?

Bonne question. Laissez-moi vous offrir votre premier point mâle pour l'avoir posée. Laissez-moi aussi vous dire que je suis désolé, mais si je répondais, je perdrais beaucoup de *mes* points mâles.

Je vais vous donner un certain nombre de cas dans lesquels on peut en gagner ou en perdre. D'habitude, ce listing est synonyme de perte de points mâles, mais comme j'ai promis de le faire, du coup j'en gagne plein. C'est comme ça, les points mâles. Parfois, vous ne savez même pas que vous en aviez avant d'en perdre, et parfois vous ne les attendez pas jusqu'à ce qu'ils débordent de partout. C'est facile à imaginer. C'est ça qui est drôle, dans la vie. C'est pour ça que les hommes ne lisent pas les modes d'emploi, et que les femmes ne lisent que des livres sur de riches salopes maquillées comme des putes.

Comment obtenir des points mâles, selon Dick
Rattraper un verre qui allait tomber par terre
Ne pas s'occuper des indications de direction
Dire « Je pense que je sais ce que je fais »
Ne pas porter de veste

Être sournois sans raison
Jeter un sandwich dans la rue

Comment perdre des points mâles, selon Dick
Parler de ses points mâles
Allumer une cigarette du mauvais côté
Retourner cette cigarette et la fumer quand même
Laisser les clefs de quelqu'un dans la voiture fermée
Compter ses points mâles
Dire « Je ne pleurais pas »
Téléphoner à sa femme ou à sa petite amie

À tout moment, on peut récupérer ou perdre rétroactivement ses points mâles, ce qui peut se faire via un modificateur multiplicatif, selon le contexte. Voici un exemple :

Danser.
Perte définitive de points mâles.

Effectuer une danse traditionnelle irlandaise sur une table.
Gain négociable de points mâles.

Renverser le verre plein d'une femme tout en dansant sur la table.
Perte de points mâles, avec multiplicateur.

Proposer de prendre les affaires mouillées de la femme pour lui garder – elle est également bourrée et a de gros seins.
Félicitations, vous venez de gagner tous les points mâles.

Proposer à une femme moche de lui garder ses affaires.
Perte de tous vos points mâles.

Les points mâles sont l'une de mes *man*tivités préférées, et en tant qu'homme, je suis certain que vous apprécierez aussi. Si c'est nouveau pour vous, souvenez-vous simplement de ce que je dis toujours : Ne vous laissez pas casser les couilles.

Les femmes ont négocié le ménage et la cuisine contre des pipes

Vous ne vous êtes jamais demandé pourquoi le seul endroit où aller chercher une tarte aux pommes fraîchement cuite, de nos jours, était soit chez Marie Callender (*NdT* : chaîne de restaurants américaine), soit chez votre grand-mère ? C'est parce que pendant un mouvement qui s'est appelé « libération de la femme », elles ont échangé le ménage et la cuisine contre des pipes.

C'est exactement comme quand les hommes ont décidé d'arrêter de travailler, pour pouvoir écouter les lamentations sans fin des femmes. À ce détail près que ça n'est jamais arrivé.

Les hommes ne fonctionnent pas comme ça. Nous n'échangeons pas des conneries que nous ne voulons pas faire contre d'autres tâches plus faciles.

Les responsabilités, ce ne sont pas des cartes de baseball à collectionner. On ne peut pas les échanger ou les vendre contre la meilleure des pipes. Les responsabilités sont plus comme les tatouages que vous décidez d'avoir quand vous êtes bourré, ou déprimé. Ce ne sont peut-être pas les plus jolies choses au monde, et peut-être n'ont-ils aucun sens, mais putain vous les avez, maintenant. Il va bien falloir vous habituer à ces merdes.

Imaginez si les hommes travaillaient comme les femmes. Lorsque nous avons inventé l'agriculture, nous aurions alors arrêté de chasser, et serions devenus végétariens. On aurait perdu tous nos cheveux, et nos putains de culs seraient devenus tout flasques, car les végétariens sont répugnants et manquent tellement de vitamines et de nutriments, qu'ils ne ressemblent plus que de très loin à des êtres humains.

Vous prenez des frites, avec votre Big Mac ? Non, car il n'y a pas de Big Mac dans un monde où les hommes se comportent comme des femmes. Il n'y a plus de viande du tout, juste quelques rêves vains et des collégiens attardés.

Les animaux ne sont pas des enfants

Parlez de n'importe quoi avec n'importe quelle femme, elle finira toujours par vous dire la même chose :

Les hommes sont des chiens.

Comme à chaque fois qu'une femme ouvre la bouche, elle ne sait absolument pas de quoi elle parle. Elle n'a raison que cette fois-ci, car une femme dégueule tellement de mots, avec une telle férocité, qu'à un moment il faut bien qu'elle tombe juste, même si elle n'hésite jamais à contredire ce qu'elle a dit juste avant, ou à baragouiner dans une langue qu'elle ne connaît pas.

Les chiens sont fidèles, débrouillards, et surtout ont un comportement positif. Qu'y a-t-il de plus proche de l'homme que ça ? Eux non plus n'accordent pas une importance excessive à la propreté, parce que c'est proche de la névrose, et que ça détruit la putain d'atmosphère d'un foyer.

Ce sont là des traits typiquement masculins, et les hommes les partagent avec toutes les autres bêtes sauvages qui doivent se débrouiller par elles-mêmes, et pas continuellement glander sur un canapé.

Combien de fois ai-je vu un chien avec un pull, ou dans un sac ? Pas souvent, mais quand ça m'est arrivé, ce n'était pas le fait d'un homme. L'homme n'a jamais eu non plus de photos de ses petits animaux dans son portefeuille, toujours prêt à les sortir très vite pour les montrer à une personne crédule qui a le tort de jeter un coup d'œil, comme un pervers en imperméable dans un parc. Un homme ne racontera pas non plus d'histoires sur ses animaux jusqu'à ce que l'autre en vomisse d'ennui. Ça m'est arrivé.

Tout le monde s'en fout, si le hamster préfère le raisin aux graines de tournesol. La bébête a peur de l'aspirateur ? Moi aussi ça me rendrait nerveux si une énorme machine venait faire autant de bruit à côté de moi – c'est bien la raison pour laquelle ça me rend tout aussi nerveux quand j'aperçois une femme au volant d'un 4x4.

Les animaux ne sont pas des bébés. Qu'importe si la femme veut absolument vous persuader que le chiot qu'elle tient sur ses genoux a grandi en elle pendant neuf mois. C'est faux. Il a coûté quelques centaines de dollars, et il y en a des milliards comme lui. Personne n'a envie de voir des photos de cette petite chose laide, personne ne veut savoir quand il a fait son premier caca, et aucun organisme ne se déplacera si ce petit enculé rate quelques repas, ou se reçoit une torgnole à cause de ça. Pas de quoi en faire un plat.

Ça vient naturellement chez nous, les hommes, de nous occuper des bébés, des animaux ou des voitures de collection. C'est notre sixième sens. Notre sens masculin et notre puissante empathie masculine. La seule chose pour laquelle les femmes peuvent ressentir de l'empathie, c'est un cactus. Elles auraient tellement de chance, si elles *étaient* des cactus. Personne ne voudrait coucher avec elles, et leur putain de problème serait résolu.

Les femmes voteraient pour Hitler

Une femme qui vote pour autre chose qu'*American Idol* (*NdT* : notre *Nouvelle Star*), ou que sa marque préférée de chocolat, c'est comme regarder un enfant courir à fond vers un mur. L'enfant court. Il se dirige quelque part à toute vitesse, aucun doute là-dessus. Mais très vite, vous vous rendez compte que la compréhension fondamentale du processus global n'est pas au rendez-vous.

Puis arrive le mur. Puis les pleurs.

Les femmes voteraient pour Hitler, pas uniquement parce qu'on peut les convaincre d'acheter absolument n'importe quoi, mais parce que les femmes sont toutes des fascistes. J'ai connu plus de mille femmes qui m'ont dit que je méritais qu'on me coupe la bite. Pourquoi les femmes pensent-elles que c'est si drôle de parler d'hommes dont on couperait le pénis ? Il n'y a vraiment rien de marrant.

Mais laissons un moment de côté cette constante menace de castration.

Toute personne mariée pourrait vous en dire, des choses. La première : « Ne vous mariez jamais, qu'importe la putain de raison, bande de cons. » La deuxième : « Le mariage n'est pas une démocratie. »

Le mariage est une dictature fasciste fondée sur l'oppression, comme toute forme de relation avec une femme. Relations de travail, relations professionnelles, relations avec des « professionnelles », tout ça c'est pareil. Si vous n'aimez pas le goût d'un jus de fruits Kool-Aid, et que vous voulez y ajouter quelques ingrédients, attention, l'assaut est imminent. Elles font respecter leurs opinions par une menace permanente de violence, et si ça se dégrade alors qu'elles sont en train de gémir leurs conneries à votre oreille, c'est parce que les femmes sont toujours les premières à frapper, qu'importe le genre de dispute. Ce n'est même pas une histoire de pourcentage. C'est aussi certain que le lever du soleil. Les femmes frappent les premières dans 100 % des cas. Il n'y a qu'une seule autre personne qui a utilisé cette ruse : Hitler.

En tant qu'hommes, nous savons pourquoi le soleil se lève, puisque c'est une étoile autour de laquelle tourne notre planète. En réalité, c'est nous qui tournons autour du soleil, c'est pour ça qu'on peut être sûr qu'il se lèvera. Les femmes ne savent même pas ce putain de truc-là !

Chaque matin, quand une femme se lève, aux environs de 10 h 30, Elle est sciée de voir que le soleil est à nouveau là, dans le ciel, et que son faux bronzage est aussi radieusement orange que la veille. C'est là l'une des raisons majeures pour lesquelles une femme ne devrait pas pouvoir voter. Elles n'y connaissent rien en planètes, en soleils, ni comment ne pas ressembler à un Oompa Loompa (*NdT* : petits personnages « bronzés » de *Charlie et la Chocolaterie*). D'autre part, si elles votaient, les femmes chercheraient toutes une urne sur laquelle serait inscrit : « Frappez sauvagement ou tuez quiconque n'est pas d'accord avec moi. » C'est toujours ça qui les retiendra, plus que n'importe quelle soi-disant discrimination professionnelle qui les empêcherait de progresser.

La voiture fait « vroom » !

Les femmes adorent les sacs à main, les chaussures et toutes les merdes qui brillent, ça leur permet de se faire voir. Ne laissez aucune femme vous faire croire qu'elle n'aime pas les bijoux, les petits sacs dans lesquels elles peuvent mettre leur chien, et toutes ces conneries – c'est évidemment tout le contraire.

Il n'existe pas une seule femme au monde qui puisse résister au charme d'un sac à main bas de gamme, fabriqué par des orphelins à l'autre bout du monde, jeunes esclaves mourant de faim, et fouettés pendant qu'ils assemblent une paire de tongs roses, décorées avec des petits bonshommes de neige qui portent des lunettes de soleil.

C'est aussi simple que ça, de créer un objet branché pour une femme sexy. C'est d'ailleurs ce que je viens juste de faire. Imaginez la chose la plus stupide possible – comme des tongs avec des bonshommes de neige qui portent des lunettes de soleil. Merde, je me suis fait avoir : c'est le putain de truc le plus mignon qu'on peut voir sur une plage. Un bonhomme de neige ridicule, qui porte des lunettes de soleil ridicules.

Et un chat qui porte un casque de pilote et conduit un biplan ?

Il s'appellerait « Super Chaton » !

Je me rends malade tout seul.

Les femmes sont aussi prévisibles que ça l'est de tomber d'une échelle posée au-dessus d'une autre. Quelques conseils supplémentaires pour vous, jeunes gens : ces petites conneries marrantes ne signifient absolument pas que la femme est marrante, facile à aborder, intéressée par les bonshommes de neige ou par quoi que ce soit d'autre. Ça veut même dire exactement le *contraire*.

Les hommes sont meilleurs que les femmes, tout comme le sport, les voitures *et* les voitures de sport ont plus de valeur que les sacs à main, les chaussures, le gloss, les bijoux bon marché, et tout ce qui est fabriqué par des enfants battus asiatiques. Vous pouvez fouetter un orphelin jusqu'au sang, ce n'est pas ça qui lui apprendra à assembler la Mercedes AMG Roadster.

Il n'y a pas de « bonne façon » de raser une barbe

Se raser est l'une des activités physiques les plus viriles qui soient – tout comme ne pas se raser. C'est la définition même de la virilité de savoir faire quelque chose, puis de choisir si on le fait ou non.

Il y a quelques milliers d'années, les hommes évoluèrent, et n'eurent plus besoin de pisser sur quelque chose pour signifier que c'était à eux. Mais pas les femmes. Elles vous pissent dessus (*NdT* : « piss » signifie aussi « faire chier quelqu'un » dans « piss someone off »), en faisant de vos visages leur Wooly Willy personnel (*NdT* : un « Wooly Willy » est un panneau magnétique représentant un visage, sur lequel on peut « coller » moustaches, barbes et autres sourcils).

Ça a l'air cradingue !

Les femmes se fichent totalement de l'aspect d'une barbe. Elles se fichent de l'aspect d'absolument tout, sauf d'elles-mêmes.

Ça me pique le visage !

Ça ne veut rien dire. Si une barbe piquait, elle piquerait aussi le visage de l'homme qui la porte. À moins de croire que l'homme est, par magie, immunisé contre les picotements de sa propre barbe, ou que celle-ci soit le miroir sans tain de l'irritation...

Le véritable meilleur ami de l'homme : la bière

Avez-vous déjà fabriqué de la bière ?

Sans doute.

Vous répondez « sans doute » parce que c'est la façon la plus masculine de répondre à une question. En tant qu'homme, de toute façon, votre réponse ne m'intéresse pas, car j'ai déjà quelque chose à faire remarquer. Comme tout homme, je prends mes responsabilités. Les femmes ne posent des questions que pour vous foutre dans la merde.

« C'est toi, là-bas ? »

« Sans doute. Pourquoi veux-tu le savoir ? »

C'est vrai, *pourquoi* elle demanderait, putain ?

L'ambiguïté est un bon *manjo* (voir « Annexe B »). Question suivante : avez-vous déjà *pensé* à fabriquer votre propre bière ?

Sans doute.

Au moins une fois dans sa vie, tout homme a regardé une bonne pinte de bière artisanale, en se demandant : « D'où ça vient ? » Comme une femme, lorsqu'elle regarde ses cuisses après l'âge de 24 ans. Choquant.

La bière est l'authentique meilleur ami de l'homme, son seul compagnon pour la vie. Le chien, l'ancien meilleur ami de l'homme, ne vit pas assez longtemps pour ça et, pire, attire les femmes.

Voilà pourquoi l'homme a inventé la bière. Les autorités suprêmes n'ayant pas su offrir à l'homme de compagnon valable, au lieu de pleurnicher, il créa alors le sien. La bière est le miroir de l'homme, née de sa glorieuse image, dans le sens où elle donne constamment, et largement, sans jamais rien attendre en retour. La bière est le présent que l'homme s'est fait à lui-même.

La bière rend toutes les blagues marrantes. Elle rend belles les nanas laides et grosses, quelque chose que les moches ne peuvent pas faire pour elles-mêmes, trop occupées à bouffer. La bière est également rafraîchissante, ainsi qu'une oreille attentive.

Les hommes fabriquent et boivent la bière pour des raisons si pures, et si viriles, que ça me donne envie d'arrêter d'écrire sur-le-champ, d'aller couper un arbre avec une hache, tout en disant à ma femme, ou à ma petite amie, que je ne sors pas danser avec elle ce soir, ni jamais.

Quel est l'équivalent de la bière pour les femmes ?

Les femmes doivent bien avoir quelque chose qui les résume, comme c'est le cas de la bière pour l'homme. Elles aimeraient qu'on dise une fleur magnifique, ou mieux, un vase en porcelaine ; mais je n'ai jamais vu de vase en porcelaine de la forme d'une boule de bowling, et il ne me semble pas que la laitue soit une fleur.

Quand je serai grande, je veux être une pute junkie !

Les hommes sont la super-glue virile qui maintient la cohérence de la société par le cul, et les femmes sont cette petite bande collante pourrie qui fait tenir les Post-It sur l'écran de votre ordinateur. Les femmes ne sont pas plus fiables que ça, et bonne chance pour enlever les petits résidus de colle de votre écran. Heureusement que quelqu'un vous a rappelé que dans cinq minutes, il y avait ce stupide gâteau d'anniversaire surprise pour Carole, dans la salle de réunion. Maintenant, c'est gravé à vie.

Souvenez-vous, quand vous aviez vingt-cinq ans, et que vous pensiez pouvoir rendre le monde tellement meilleur si vous étiez Batman, ou Hugh Hefner (*NdT* : le fondateur de *Playboy*). Mais aussi Steve McQueen, James Bond ou encore Indiana Jones. Les héros et les modèles des hommes sont nos tremplins vers le succès. Ces modèles sont les maîtres sans concession de nos consciences, et représentent l'engagement d'une vie à marcher droit. Les hommes et les jeunes hommes ont toujours regardé les héros de l'Histoire et du cinéma en se disant : « J'ai vraiment envie de faire comme ce mec et de rendre la qualité de vie meilleure. » Et ça marche.

Maintenant, pensez à un modèle féminin. Réfléchissez vraiment, en homme. Sigourney Weaver, dans *Alien* ? Ouais, j'ai pas trouvé autre chose non plus. Et comme nous le savons tous, ce rôle a été écrit par un homme, pour un homme. Comme le film aurait été meilleur, si ça avait vraiment été un homme qui l'avait joué !

Je vous propose maintenant quelques réponses très inquiétantes que m'ont faites des femmes, de tout âge, lorsque je leur ai posé la question :

Paris Hilton
Tara Reid
Lady Di
Leur mère

Sexe facile et orgie alcoolisée ? Les femmes placent la barre si bas, qu'il leur faudrait creuser une tombe juste pour se ramasser.

L'homme : le sexe du sexe sans risque

Il n'y a pas longtemps, je lisais un livre intéressant, *Freakonomics*. Je suis un homme, donc j'essaye de lire au moins un livre par semaine. Les femmes aussi, mais c'est *McCall's* (*NdT* : un magazine pour femmes) à la place de *Macbeth*, et *Seventeen* (*NdT* : littérature pour ados) plutôt que Sartre.

Ce livre, *Freakonomics*, expose une théorie intéressante, à savoir que le taux de criminalité a baissé dans les années 90, grâce à la légalisation de l'avortement quinze ans auparavant. Mes liquides mâles se sont mis à chauffer, et mes pignons mâles à s'agiter.

Les bébés non désirés seraient source de criminalité ? Ce sont sans doute des bébés non planifiés, et qui sont le résultat de rapports sexuels non protégés. Et à qui la faute, quand des gens ont des rapports sexuels non protégés ? Aux femmes. Le sexe non protégé est à 100 % la faute des femmes.

Il n'y a aucune raison pour que ce soit même envisageable d'avoir des relations non protégées à notre époque. Les chances d'avoir un bébé non désiré devraient être d'une sur un milliard. Tout enfant né, sans avoir été planifié, devrait être le nouveau Jésus-Christ. La dernière fois que j'ai vérifié, ce rapport d'un milliard pour un était la définition légale de « immaculé ».

La seule cause d'un fœtus avorté, c'est la femme. Certaines d'entre elles sont trop paresseuses ou idiotes pour mettre un imperméable « quand les hommes pleuvent ». Elles sont également incapables de prendre correctement leur putain de pilule. Parfois elles la prennent le matin, d'autres fois c'est pendant le cours de gym, et ça peut être aussi trois d'un coup, pour pouvoir partir tranquillement en week-end au lac Havasu (*NdT* : entre l'Arizona et la Californie), sans se poser la moindre question.

Si la police découvre chez vous un laboratoire clandestin, devinez qui va en prison ? Si Chevron trouve du pétrole sous votre maison, devinez qui touche un beau gros chèque ? Si quelqu'un trouve un délicieux friand au jambon dans votre four, devinez qui sera félicité ?

Vous. Vous allez en prison, vous touchez le chèque, et vous recevez une petite tape attentionnée dans le dos. Mais si c'est la maison d'une femme, le four d'une femme, et que quelqu'un tombe sur une grosse brioche dont il ne veut pas (*NdT* : Dick joue avec l'expression « a bun in the oven », « en cloque », mais mot à mot « une brioche dans le four »), eh bien dans le monde des femmes et de leurs calculs mathématiques foireux, ce sera à 50 % de votre faute.

C'est absurde.

Les femmes sont coupables pour chaque enfant non désiré et pour chaque avortement dans le monde, et ce pour exactement la même raison qui fait que tout le monde rigole quand vous avez la gueule de bois. Tu savais précisément ce qui allait se passer si tu buvais trente pintes, pauvre débile. Ça t'a pas empêché de le faire. Tu gagnes des paquets de points mâles, mais tu ne trouveras personne d'assez compréhensif pour les troquer à la salle de jeux.

Ayez, sur l'avortement, l'opinion que vous voulez. Vous êtes un homme, c'est votre droit le plus strict. Ce qui ne peut pas être discuté, cependant, c'est que tous les avortements et les enfants non désirés arrivent par la faute des femmes.

À tous les hommes qui ont déjà payé pour un avortement, toutes mes félicitations les plus masculines. Vous êtes plus responsable que la mère potentielle que vous avez dépannée, et un millier de fois plus généreux que Mère Teresa. Les femmes sont toujours en première ligne quand il s'agit de défendre ce corps qui leur appartient, mais quand les dettes commencent à s'accumuler, elles sont vite prêtes à le louer au plus offrant.

Les femmes sont les jeux paralympiques

S'il y a une chose à retenir après avoir été en contact avec des handicapés mentaux, c'est qu'ils veulent tous être traités d'une manière égale.

Les « Graham Crackers » aussi (*NdT* : de célèbres biscuits).

Les femmes sont très proches des handicapés mentaux, de ce point de vue. La seule différence, c'est qu'elles ne méritent ni l'égalité, ni de « Graham Crackers ».

L'Histoire est pleine d'exemples d'hommes handicapés qui surmontent les obstacles, et font une carrière de la manière la plus virile qui soit. Plusieurs présidents étaient handicapés. Ce mec dans les *Goonies*, aussi, je suis presque certain qu'il était arriéré.

Qu'importe le nombre de chromosomes avec lesquels naît un homme, il ne veut pas de deux poids deux mesures. Il veut être traité comme tout le monde.

Quelle putain de surprise d'apprendre que c'est une femme qui a inventé les jeux paralympiques.

Les jeux paralympiques sont aux handicapés mentaux ce qu'est, pour moi, une Chinoise avec un parapluie. Je ne veux pas la voir traîner autour de moi. Ces Chinoises sont toujours prêtes à vous sortir les yeux des orbites, avec leur truc.

Un jour que je regardais les jeux paralympiques, j'ai vu un haltérophile handicapé vomir environ sept litres de jus d'orange. C'était tellement hilarant que dix ans plus tard, cette image me revient encore en tête au moins chaque semaine. Franchement, est-ce que les handicapés mentaux ont besoin de ça ?

Non ! C'est humiliant. Les handicapés mentaux ont besoin d'être accompagnés, pour trouver un travail simple, et de volontaires pour les aider à ne pas faire n'importe quoi. Ils n'ont pas besoin de comités qui organisent des putains de défilés, et vérifient s'ils n'ont pas pris de stéroïdes, avant de les envoyer vomir plusieurs briques de jus d'orange à la télévision. Il est impossible de ne pas rire en voyant ça, qui que vous soyez. Jésus, ça l'aurait fait marrer. Il se serait même sûrement pissé dessus.

Lorsqu'une femme va à son club de gym deux semaines de suite, il lui faut des chars de carnaval pour rendre hommage à son gros cul. C'est pour ça que les femmes bandent autant pour les jeux paralympiques. Elles pensent qu'un exploit n'en est pas un, tant qu'elles n'ont pas obligé quelqu'un à faire ce qu'il ne voulait pas.

Je respecte profondément les athlètes handicapés, mais ça s'arrête là. Pas besoin de l'imprimer sur un autocollant qui foutra en l'air le chrome à l'arrière d'un 4x4 à 50 000 dollars, payé par un homme. Ça ferait de moi une femme, et non le représentant d'un genre qui brille tant par sa classe et sa discrétion.

Les jeux paralympiques sont la seule organisation légalement autorisée à se servir du terme « olympique » dans leur nom. Un peu comme la femme (« woman ») est la seule autre espèce légalement autorisée à utiliser « man » dans son nom. À part les la*man*tins.

Un exemple brûlant de connerie

L'hiver est la saison de certains des plaisirs préférés de l'homme : les pulls serrés pour les femmes, et le feu. L'autre soir, j'en démarrais un, et je me suis dit :

« Je n'ai jamais vu de femme allumer un feu. Ça n'a jamais dû arriver. »

La seule chose que j'ai vu une femme faire pendant qu'on allumait un feu, c'est se plaindre, et je ne suis même pas certain qu'elle avait conscience de ce qui se passait juste à côté d'elle. Contrairement à nous, les femmes ne comprennent pas les tenants et les aboutissants. Au lieu de dire « Allons manger », elles disent « J'ai faim », et au lieu de « Peux-tu monter le chauffage ? », elles disent « J'ai froid ».

Les femmes n'ont aucune idée de ce qu'est le pouvoir ou l'auto-détermination. Au lieu de se bouger le cul, d'enfiler un pull, ou de manger un sandwich, elles pleurnichent. C'est la raison pour laquelle la première campagne présidentielle féminine coulera à pic au fond de l'Océan.

« Mais Madame la Sénatrice, avez-vous déjà allumé un feu ? »

« Non. C'est mon mari qui s'occupe de ça. »

On ne peut pas mieux dire.

L'ignorance, ça n'a rien de mignon

Sortir avec une fille, c'est comme postuler pour un job. Pour les hommes, du moins. L'homme se présente et détaille tout ce qu'il a accompli ; il faut parfois répéter, car la femme se laisse déconcentrer par des trucs comme les panneaux lumineux, ou par des mots qu'elle n'arrive pas à prononcer.

L'homme fait la liste de tout ce qu'il peut proposer avec un sourire, puis laisse à l'autre partie un temps suffisant pour décider, ou lui faire une pipe.

Une femme, qu'elle se présente à un job ou sorte avec un garçon, essayera juste d'avoir l'air mignonne, ou d'une salope, selon son âge. Il m'est impossible de vous dire quelle est la tendance exacte, et si en vieillissant elle essaye d'être plus mignonne ou plus salope. Les femmes, c'est comme les montagnes russes : mignonnes ou salopes, au hasard des montées et des descentes liées à l'âge. La seule chose dont on est sûr, c'est cette chute terrifiante à la fin.

Les femmes pensent que la meilleure façon d'attirer les hommes, c'est de se comporter comme des idiotes finies. Je sais que dans ce livre, j'ai déjà beaucoup développé ce thème de la bêtise des femmes. Elles sont très certainement plus bêtes que les hommes, peut-être même encore plus bêtes que tout ce qu'on peut imaginer – entre prendre ma voiture pour aller faire les courses sans baisser le frein à main, et se raser les sourcils avant de les refaire avec un crayon.

Malgré tout ça, les femmes n'arrivent pas à être aussi bêtes que le laisserait croire leur comportement.

Elles pensent toutes, à tort, que l'ignorance c'est mignon. Allez traîner à côté d'un groupe de femmes, et jugez par vous-mêmes. Lorsqu'elles se retrouvent ensemble, c'est comme si elles étaient équipées d'un déclencheur de bêtise :

« Tu ne comprends rien aux ordinateurs !? Attends de savoir ce que moi, je ne comprends pas ! Je ne comprends rien aux toilettes ! Ni à la pluie ! Je ne comprends pas la pluie ! Ce sont les anges qui pleurent, ou quoi ? Ça vient de l'Océan ? Il y a des dauphins, dans l'Océan ! »

Bravo. Vous êtes tellement mignonnes que vous êtes fonctionnellement arriérées.

Les femmes ont « joué le rôle d'une imbécile incurable » profondément gravé dans la tête, comme un dessin dans le sable sous le soleil. Vous n'avez plus qu'à croiser les doigts pour que le dernier que vous avez fait ne soit pas une bite, ou sinon maman sera très en colère, pour pas grand-chose.

Ma si chère maman

Il y a une personne particulière, dans la vie de tout homme, qu'il apprend à apprécier dès le jour où il quitte le foyer. Une personne qu'il faudra tout le temps respecter. Une personne dont la grâce n'a pas de limite, et dont les conseils en or offrent à la fois expérience et gentillesse. Cette personne doit être chérie et, par-dessus tout, c'est quelqu'un à qui un homme peut confier ses secrets les plus intimes.

C'est son avocat. Vous pensiez que j'allais dire qui ?

Toutes les femmes écoutent leur mère. Du coup, leur vie est toujours à un doigt de la catastrophe absolue, et elles ne savent jamais ce qu'elles font. Une femme qui reçoit un conseil de sa mère, c'est comme un gamin qui a besoin de lunettes, et à qui on donne deux kaléidoscopes... puis qu'on pousse au milieu de la route. Bonne chance, *quatre yeux* !

Aucun homme sur Terre n'écoute sa mère. Techniquement parlant, il écoute, mais c'est comme lorsqu'il écoute le pénible récital de piano d'un élève de primaire. C'est un excellent exercice de tolérance.

Quand une femme écoute ce que lui dit sa mère, elle écoute *vraiment* le conseil de merde. Ensuite, pire, elle y pense, puis finit par faire merder le conseil de merde d'une façon qui le rend encore plus merdeux : elle fait merder le *merdage* du conseil de merde. Typique des femmes. Faire merder l'in(dé)merdable, depuis le jardin d'Eden.

L'institution du mariage

Pensez-y la prochaine fois que vous vous marierez : votre femme aurait pu se marier avec un violeur, ou un meurtrier, avec tout autant d'empressement qu'avec vous.

Les femmes aiment l'attention presque autant que l'argent. Pour elles, c'est la même chose. Elles sont aussi simples que ça. Vous pouvez toujours échanger l'argent et l'attention contre du sexe. Les femmes aiment ceux qui les harcèlent, les bébés et les coquards. Tous synonymes d'une immense affection.

Vous avez déjà vu un groupe de femmes, à un mariage, se mettre à pleurer toutes ensemble ? C'est un jeu auquel elles jouent quand elles veulent savoir qui est le plus sensible à une connerie. Qu'importe qui gagne. L'important, c'est celui qui perd – et c'est vous.

Quelle est la pire des choses qu'un homme ait jamais faite ? Ça m'est égal, et ça n'a aucune importance, car rien n'est à la fois plus stupide et plus éhonté que d'épouser un meurtrier condamné. Ça arrive tellement souvent qu'on n'en parle même plus aux informations. C'est la menace invisible que constituent les femmes et leur façon de marchander l'attention qu'on leur porte.

Si les médias étaient tenus par les hommes, ce qui devrait être le cas – d'ailleurs ça l'est, mais je veux dire d'une façon plus flagrante, comme un homme tient une meute de chiens –, alors les femmes et leurs conneries gratuites défileraient en permanence sur un bandeau en bas de l'écran.

« (...) Une femme échange son enfant contre la nouvelle console Xbox (...) Une grosse femme est étonnée quand son talon casse (...) »

C'est ce qu'on verrait sur CNN. Il y aurait également beaucoup plus de gros mots pendant les news, parce que contrairement aux femmes, les hommes n'ont pas de balai dans le cul et ça ne les dérange pas de dire *fuck*. Ils perdraient moins de temps, et utiliseraient mieux leur cul.

Pourquoi une femme se marierait-elle avec un meurtrier condamné ? Y a-t-il des questions sur son enfance qu'elle n'a pas résolues ? Ouais, c'est sans doute ça. En tout cas ce le serait, si on était dans un club new age où tout le monde te serre dans ses bras, où l'on joue du bongo, et où on se donne de petites tapes sur les fesses pour se féliciter de ne rien faire. Ce n'est pas le cas. C'est un livre sur la supériorité des hommes sur les femmes.

Une femme qui épouse un meurtrier, c'est comme un homme qui épouserait une femme névrosée qui passe sa journée à faire des sandwiches, avec une sœur jumelle tout le temps bourrée. N'importe quelle personne qui attend dans le couloir de la mort a droit à des tonnes d'attention, si elle le désire. Presque trop. Après, c'est juste de l'excédent qui ne demande qu'à être pris en compte par une femme impatiente de se marier avec un prisonnier.

Dans un mariage de ce type, en prison, aucun contact sexuel n'est possible : le putain de rêve de la femme devient alors réalité.

La peur est la boussole de l'homme

Les femmes n'ont peur de rien.

Ça ne leur fait pas peur, qu'un putain de truc casse, parce qu'il y a toujours un homme prêt à le réparer en espérant ensuite la baiser – et ça marche. Elles n'ont pas peur des regrets, car elles n'ont aucune mémoire. Elles n'ont pas peur de perdre leur travail, car ce ne sont jamais elles qui subviennent à leurs propres besoins.

Les femmes n'ont particulièrement pas peur de dire ou de faire quoi que ce soit d'idiot.

La peur, c'est masculin. Sans peur, un homme ne fabriquerait pas l'adrénaline digne de Popeye dont il a besoin pour accomplir ses exploits héroïques, comme soulever une voiture, combattre des lions, ou arracher des arbres par la racine. Est-ce qu'un Red Bull serait suffisant ? Putain, je ne crois pas. Sans peur, un homme ne se dirait pas : « Peut-être ferais-je mieux d'éviter d'attraper un herpès avec cette nana crade et bourrée. »

La peur est la boussole de l'homme.

Peur de passer pour un connard, ou peur de se recevoir un coup dans les dents, pour s'être « accidentellement » agrippé aux seins *a priori* désœuvrés d'une femme. La peur est ce qui permet à l'homme de ne pas dépasser quand il colorie, et d'être prêt en cas de mauvais temps.

Les femmes n'ont peur de rien.

Elles sont comme le gamin de huit ans qui gagne un concours d'orthographe car il ne s'est pas trompé sur « establishment ». On est tous très impressionnés, mon garçon, mais ça ne t'empêchera pas de te sentir con si je renverse ce punch sur ton pantalon, comme si tu t'étais pissé dessus.

C'est la vie, mieux vaut fermer ta putain de gueule.

Trois fois pute

Saviez-vous que vous avez une responsabilité envers l'enfant, si vous frappez une pute qui ment en vous disant qu'elle prend la pilule, puis refuse l'avortement au nom de grotesques « principes » à la con qu'elle vient juste de découvrir, ou parce que sa mère n'avait pas avorté d'elle ? Vous êtes responsable, et c'est le plus gros mensonge et la pire injustice qu'on puisse imaginer.

Ils étaient où, ces principes magiques et vénaux, quand elle était sur le dos, à prendre son pied pendant les meilleures quatre minutes et demie de sa vie ? Si quelqu'un vous offre un Snickers et que vous n'en voulez pas, puis que cette personne gagne un écran plasma ou un scooter grâce au concours proposé sur l'emballage, vous n'avez aucun putain de droit de réclamer.

Puisque les hommes n'ont pas la possibilité de décider si un fœtus ne doit pas se développer, ou s'il peut être adopté après la naissance, ils n'ont pas à supporter la moindre responsabilité légale et financière. Est-ce que cette loi a été conçue pour des arriérés ? Voilà à quoi devrait ressembler l'arrêté de la cour :

« Bande d'enculés, vous n'avez jamais entendu parler du principe "Pas de taxation sans représentation" » ?

Je plaisante. Impossible de dire « bande d'enculés » devant une cour.

« Votre honneur, si vous louez une voiture sans préciser que vous êtes aveugle, vous n'avez pas le droit de leur ramener avec un nouveau toit ouvrant, deux roues en moins et des portes qui s'ouvrent par le haut. Ce n'est pas leur problème, c'est le vôtre. Le dossier est clos. »

Il y a toujours une raison pour récupérer de l'argent. Ça peut être parce que vous êtes avocat professionnel, ou médecin professionnel ; mais quand une femme accepte une pension alimentaire pour un enfant que le père ne désirait pas garder, ça fait d'elle une salope professionnelle.

Il n'y a pas un terme, pour ça ?

Quand les femmes doivent la fermer

Il y a une question qui revient tout le temps :

« Dick, tu t'y connais tellement, en femmes. Dis-moi, quelles sont les qualités de l'épouse parfaite ? »

Seuls des hommes m'ont posé cette question, les femmes se foutent totalement de savoir ce qu'est une épouse parfaite. Tout ce qui les intéresse, c'est d'être la parfaite coach de foot : sandwiches dégueulasses, entraînement intensif et pas de sexe.

La femme parfaite est celle qui sait quand fermer sa gueule. Indiana Jones le dit mieux que tout le monde :

« Tu les insultes, et tu me gênes. »

Les femmes doivent la fermer

1 : Quand un homme parle, ou est sur le point de le faire

2 : Quand un homme s'arrête de parler

3 : Au cas où

4 : Même pas au cas où

Imaginez que vous assistez à un match de cricket. Vous n'en comprenez pas les règles – personne, d'ailleurs – mais vous savez quand applaudir et quand partir, parce que tous les autres le font. C'est comme ça que les hommes fonctionnent pour tout, dans la vie. Si quelqu'un d'autre le fait, on le fait aussi. La guerre, par exemple, et ça c'est génial.

Pour les femmes, c'est le monde entier qui est aussi compliqué que le cricket. Mais au lieu de suivre le mouvement, et d'applaudir avec tout le monde, elles courent sur le terrain et commencent à expliquer aux joueurs qu'ils se trompent.

Le début du déclin

Ça fait partie de votre nature masculine, de traverser la crise de la quarantaine. Un homme vieillit, il devient chauve, et la routine s'installe dans son travail et dans son mariage. La seule chose qui pourrait lui faire du bien, ce serait un nouveau canapé convertible.

Notez que je n'ai pas parlé de « liaison ». Ça, c'est la façon dont les femmes passent leur crise de la quarantaine. Les hommes, eux, s'achètent un chouette nouveau jouet pour aller conduire à travers la ville, et passer au feu orange à plus de 100 km/heure, tandis que la femme détruit une famille.

Pour l'homme, l'âge moyen de cette crise est quarante-six ans. C'est le moment où il réalise que la grande chute des montagnes russes de la vie était en réalité au début, et que personne ne lui a dit qu'il fallait lever les bras en l'air. Bon. Une télévision géante, ou un pass pour dix sauts en parachute feront l'affaire, au moins jusqu'à ce qu'il se bloque le dos au deuxième saut.

Pour la femme, l'âge moyen de cette crise est dix-sept ans. À ce moment-là, son regard devient vide, et elle commence à employer des termes ridicules, comme buts, rêves, âme sœur, et quelques autres conneries qu'elle ne fera jamais. Il peut arriver à un homme, pendant sa crise, de se laisser aussi aller à ce type d'idioties :

« Je vais devenir peintre. »

Toutefois, un homme ne le dira qu'une seule fois. Ensuite, sa crise est terminée. Avec les femmes, ce sont des vagues successives de bêtise, dans la mer d'illusions qu'est leur vie :

« Je veux être avocate ! »

« Je veux travailler dans la police scientifique ! »

« Je crois aux droits des animaux ! »

Bien sûr, mon bébé, on pourrait même leur donner le droit de vote !

Pour nous, les hommes, la crise de la quarantaine est l'occasion d'apprécier et de nous pencher virilement sur tout ce que nous avons accompli. Ce peut être une famille, une grande carrière, ou même un voisin super marrant avec une devise trop drôle. La seule chose que les femmes réalisent pendant leur crise, c'est qu'elles n'ont pas encore baisé avec un black.

Le bon côté des choses

Au cours des siècles, les hommes sont devenus des légendes atemporelles, sachant partager leurs dons uniques avec le monde entier : Mozart, le célèbre musicien, Hippocrate, le fameux médecin ; Richard Simmons, le célèbre homme-fille (*NdT* : acteur américain efféminé). Dois-je vraiment poursuivre ?

À part l'aviatrice Amelia Earhart et Dolly Parton, les femmes n'ont toujours été célèbres que pour une chose : sucer des bites.

Monica Lewinsky, Cléopâtre, Marie-Madeleine : y a-t-il une femme plus légendaire que ces catins ? On ne compte pas Jeanne d'Arc, qui était schizophrène. De nos jours, on vous enferme en HP, pour ça.

Les hommes peuvent être peintres, joueurs de baseball, ou même chefs. Certains hommes furent tellement créatifs qu'ils inventèrent les Schtroumpfs. *Man*pressionnant. Les hommes savent partager leurs talents avec tout le monde.

La seule chose que les femmes partagent, c'est leur envie jalouse de tout ce que nous possédons.

Les femmes ont également quelques talents naturels, je suppose. J'ai déjà mentionné les gros seins. Vous pensiez peut-être que Dolly Parton était connue parce qu'elle est chanteuse ? Alors vous ne l'avez jamais entendue. Les femmes peuvent avoir du talent, mais si c'est la raison pour laquelle vous essayez de les apprécier, elles vous traiteront de pauvre type sans profondeur.

Y a-t-il quelqu'un qui pense que Liszt est allé sur sa propre tombe, pour pleurnicher et se plaindre de n'avoir été aimé que pour ses compositions et sa musique, et non pour ce qu'il était *réellement* au fond de lui ? Qu'est-ce que ça veut dire, ça, putain, de toute façon ? Mozart n'a rompu avec personne qui vantait les qualités de ses opéras ! C'est puéril.

Les hommes savent bien que nous ne sommes rien de plus que la somme de nos parties. Nos talents, notre boulot et notre voiture. Les trois ont intérêt à être géniaux. Si vous construisez des ponts, ne faites pas l'étonné si on écrit « constructeur de pont » sur votre pierre tombale. C'était votre putain de job.

D'un autre côté, il y a une vieille blague qui dit que si vous construisez mille ponts et sucez une bite, on se souviendra de vous comme d'un suceur de bite (*NdT* : « cocksucker », qui signifie aussi « enculé », ou « salaud »). Désolé, mesdames, ça ne marche pas dans l'autre sens.

Les femmes détestent les armes

Les armes, c'est génial. En fait, il n'y a rien de plus viril qu'une arme. C'est comme un pénis qui fait tout sauter.

Putain !

Je retire ce que je viens d'écrire. La chose la plus virile, ce serait un genre de voiture nucléaire avec des armes qui y seraient attachées. Mais qu'est-ce qui est le plus viril : la voiture grâce aux armes, ou les armes grâce à la voiture ? Et un tank ? Quel est son degré de virilité, par rapport à ça ?

Qu'importe. C'est un tank.

Tous les hommes adorent les armes, et considèrent que c'est la plus belle de toutes les inventions. Saviez-vous que sans les armes, 99 % des gens, sur Terre, seraient des esclaves ? Les armes ont mis fin à l'esclavage.

Avant l'invention des armes, l'humanité vivait dans une société féodale. J'ai vu plusieurs fois le film *Braveheart*, et à chaque fois, je suis de plus en plus convaincu que la féodalité était une vie de merde. Les armes ont inventé la démocratie.

En tant qu'homme, je remercie les armes pour ça. Si j'étais une femme, il me faudrait inventer un moyen de faire l'amour sans brailler. C'est ainsi que les femmes expriment leur gratitude. Elles détestent tout ce qui fait du bruit, comme les fêtes ou les matches de foot, parce que plus personne ne peut les entendre débiter leurs vacheries. Les femmes détestent sans doute aussi les armes, car elles sont compliquées – les armes, pas les femmes. Les femmes sont tout sauf compliquées. Elles sont aussi cons qu'un distributeur de billets déglingué qui avale votre argent.

Les armes, par contre, sont super compliquées. Elles possèdent des parties amovibles, et nécessitent qu'on prenne soin d'elles. Un jour, j'ai entendu une comédienne comique expliquer que les vagins étaient compliqués. J'en doute beaucoup, mais c'est ce qu'elle disait. Je l'entendais d'autant plus distinctement que personne ne riait.

La véritable raison pour laquelle les femmes détestent les armes, c'est qu'elles aiment être en danger. Sans les armes, vous, moi, tout le monde, nous serions en permanence en alerte, attendant que le détecteur de Huns nous fasse bondir hors de nos lits au milieu de la nuit, ce qui signifierait que la ville est sur le point d'être réduite en putains de cendres... une fois de plus.

Merci aux armes, et à tous les hommes qui servent dans l'armée, de nous avoir évité d'entendre parler du détecteur de Huns.

Le remède miracle contre le DÉ

La nuit dernière, j'ai entendu parler d'un truc qui s'appelle le DÉ. Ça veut dire Dysfonctionnement Érectile, et c'est un problème pour un certain nombre d'hommes. Si vous souffrez du DÉ, il y a 100 % de chances pour que vous soyez aussi atteints par le SFN – le Syndrome de la Femme Nulle.

Si votre maison s'écroule parce que les constructeurs ont oublié les clous, à qui la faute ? Si vous n'en savez rien, il y a toujours un avocat, pas loin, prêt à vous aider. Si vous allez à un pique-nique avec vos collègues de travail, que vous pensez à amener les gobelets, mais que tout le monde a oublié la nourriture, à qui la faute ? Pas à vous. Par contre, grâce à vous, les gens n'auront pas à boire dans leurs mains comme des singes, même s'ils crèveront la dalle.

Le DÉ est entièrement la faute des femmes. Je le prouve ici même. Trouvez-moi un seul homme marié et heureux, avec des problèmes de « performance ».

C'était une question piège. Il n'y a jamais eu d'homme marié *et* heureux.

Le remède miracle de Dick contre le Dysfonctionnement Érectile

Trompez votre femme.

Si au fond de vous, vous avez l'impression que c'est mal, votre conscience toute-puissante essaye juste de réparer quelque chose qui s'est brisé dans le monde, en le réparant en vous. Les hommes dirigent par l'exemple. Et ces exemples, on les applique avec nos couilles. Vous avez déjà entendu parler de Gandhi ? Aucune femme n'a jamais compris ce qu'il a réalisé.

La vérité, c'est que tromper, ça n'existe pas. Ce n'est pas un vice. C'est quelque chose de parfaitement naturel. C'est la façon dont Père Nature nous dit que nous souffrons d'un cas déprimant de SFN. Tromper, c'est le remède miracle contre le Dysfonctionnement Érectile. Je garantis la disparition de cet enculé de DÉ en trente jours maximum.

C'est si bon, de chier

Dans la vie, on peut compter sur deux choses : la mort, et chier.

Rien à foutre, des impôts, ça a été inventé par les femmes.

Il m'arrive parfois d'écouter les conversations des femmes. Comme par exemple lorsque deux d'entre elles, qui vont dans des directions opposées, stoppent net au milieu de la putain de rue parce qu'elles se sont vues conduire. Tu conduis, je conduis, organisons une putain de fête !

Tout ce dont parlent les femmes entre elles, c'est des hommes.

Les hommes sont sales !

Faux. Les hommes sont impeccables. Vous connaissez M. Propre ? Il n'y a pas de Mme Propre, à ce que je sache. Par contre, il y a une Mme Butterworth. Une grosse vache collante (*NdT* : « Mrs. Butterworth » est le nom d'une marque, qui vend des pancakes et du sirop prêts à consommer. Dick fait aussi référence à la publicité américaine, où une actrice incarne Mrs. Butterworth).

Les hommes n'ont aucune sensibilité !

Alors ça doit être une femme qui a mis en scène *La Liste de Schindler.*

Les hommes ne savent parler que des toilettes !

C'est un peu vrai.

Les hommes aiment tout particulièrement parler de la grosse commission : couler un bronze, caguer, rouler un cigare... Et alors ? Faire caca, c'est la première chose que les êtres humains apprennent. Vous, moi, le pape. Tout le monde va chier un coup bien avant de toucher la moindre Bible, ou n'importe quel ordinateur. Une fois que l'homme maîtrise quelque chose, putain, il s'y tient. Il ne s'en lasse jamais. Pour l'homme, la destination est le voyage, et les toilettes sont la métaphore inspirante de la vie.

Les hommes continueront à parler de chier bien longtemps après avoir appris à le faire. Nous continuerons à nous perfectionner, en en parlant en priorité dans nos conversations, et en en discutant ouvertement, honnêtement, et d'une façon très drôle. Ça, c'est viril.

Double pénétration

Mes meilleures idées me viennent quand je suis assis sur mon deuxième fauteuil préféré, en dégustant un whisky Black Label. « *La polygamie est la seule solution* », me suis-je dit un jour.

Allons un peu plus loin.

« *Il faut un village entier pour garder son mari.* »
Hillary Rodham Clinton

Je ne suis pas certain qu'Hillary ait dit ça, mais elle aurait dû. Les femmes ne sont pas au niveau des trois tâches de base pour plaire à un homme : le stimuler intellectuellement, rassasier son énorme appétit sexuel, et lui offrir le précieux soutien affectif dont il n'a absolument pas besoin, que je viens juste d'évoquer pour rigoler.

Les femmes ne savent rien faire de tout ça. Regardez celle qui est la plus intelligente au monde. Comment s'appelle-t-elle, déjà ? Cette fille, là, qui donne des conseils dans le journal... *Dear Abby* ? Elle est soi-disant « géniale », mais sa rubrique est tellement ennuyeuse que je ne l'ai jamais lue une seule fois.

Dans le monde des femmes et de leurs petits soucis, il faut la plus intelligente d'entre elles pour vous dire que votre mari vous trompe, et que votre fils est gay – ou l'inverse. Renseignez-vous, les filles. L'homme le plus intelligent du monde, lui, guérit le cancer et invente l'Internet.

Pour satisfaire sexuellement un homme, il faut deux femmes, minimum. La dernière fois que vous faisiez l'amour, vous pensiez à qui ? Voyez : à deux femmes. Vous étiez presque en train de baiser à trois, et ça, ça vaut six mille putains de points mâles.

En ce qui me concerne, la bigamie est la seule possibilité. C'est peut-être « illégal », ou « désapprouvé », mais les hommes du passé trouvaient des moyens de contourner ces soi-disant « lois ». C'est le moment de remonter le temps : le temps sexuel.

L'Übermensch

Superman est à l'homme que ce que Lois Lane est à la femme.

Si vous dites ça à une femme, je parie qu'elle sera ravie.

Alors qu'elle devrait se sentir comme une merde.

S'il le désire, un homme peut apprendre tout ce qu'il doit savoir à partir d'une seule source : Superman. Comment se comporter, comment réagir face aux plus démunis, comment assumer un mensonge et avoir une double vie. Tout est là, prêt pour nous, les hommes. Superman est peut-être un alien venu d'une autre planète, mais c'est avant tout un homme.

Un homme a autant de chances de devenir un alien volant avec une cape, capable de renverser le monde pour éviter un tremblement de terre, qu'une femme de réussir une carrière grâce à sa compétence et sa fiabilité.

Lois Lane est une femme qui a réussi, tout comme Superman est un homme qui peut sauter d'un gratte-ciel à l'autre, ou arrêter la pluie. Il y a autant de possibilités qu'une femme ait son nom dans un célèbre news magazine, qu'un homme en collants se batte contre des monstres dans l'espace. C'est franchement absurde.

On pourrait aussi mentionner que Lois Lane est une femme prête à tout pour qu'on la remarque, doublée d'une folle qui passe son temps à mettre son nez dans ce qui ne la regarde pas, et qui en général termine par coûter un temps considérable à Superman, qui doit lui sauver son putain de cul du feu, et sa putain de tête de son putain de cul. Pendant ce temps-là, des milliers de gens meurent dans des catastrophes et des génocides partout dans le monde. Est-ce que ça l'arrête pour autant ? Non. Tout le monde peut aller se faire foutre, du moment que sa putain de carrière à elle se porte bien.

S'il existe le moindre trait féminin, celui-là en est un. Les femmes ne cessent de trahir leurs enfants et leurs familles, ne convoitant que le statut prétentieux de « femme carriériste », ce qui dans la réalité revient en général à être assise derrière un bureau et à brasser du papier dans l'immobilier.

C'est sans doute ça qu'elles appellent l'égalité, dans les clubs de couture ou de lecture, mais dans mon monde, ça s'appelle un job sans avenir et une putain de perte de temps.

Superman n'a qu'une faiblesse : la kryptonite. Les hommes aussi, sauf que pour eux, ce n'est pas la kryptonite, mais le rapport anal. Les femmes sont décidément trop bêtes pour sortir des sentiers battus.

Mes jeunes amis : soyez plus couillus (comme Dick)

Les enfants sont notre avenir, du moins d'après les femmes. En l'occurrence, elles ont à moitié raison, ce qui est deux fois plus que d'habitude. Les enfants ne sont pas notre avenir. Ce sont les jeunes gens mâles, qui le sont. Les jeunes hommes d'aujourd'hui construiront les voitures volantes de demain, guériront la calvitie des hommes et le surpoids des femmes, juste à temps pour que vous et moi puissions en profiter.

Jetez plutôt un coup d'œil à ce que les jeunes hommes du passé ont accompli : ils ont inventé l'énergie nucléaire, ont écrit et réalisé les merveilleux *Die Hard*, et ont construit la grande muraille de Chine.

Pour rendre hommage à ces jeunes hommes ingénieux et à leur impressionnant travail, j'ai établi une liste spécialement consacrée à leur bon sens dans les prochains paragraphes. Je tiens également à faire un peu leur éducation en ce qui concerne les femmes, qu'ils arrêtent enfin d'avoir l'air connement surpris à chaque fois que l'une d'entre elles sort quelque chose d'idiot. Vous attendiez quoi ? Des séries comme *Ally McBeal* ou *Futurama* présentent des personnages féminins écrits par des hommes, qui ne merdent pas en permanence comme les vraies femmes. Voilà ce à quoi il faut vous attendre, si vous travaillez avec des femmes dans le monde réel.

La répétition

La première chose à laquelle s'attendre quand on travaille avec une femme, c'est la répétition. Lorsque vous lui parlez, vous allez devoir répéter le moindre truc une bonne centaine de fois. Lorsque l'homme entend quelque chose, il s'en souvient, puis classe l'information dans la case « conneries », dans la case « marrant » ou dans celle des « choses extrêmement importantes ».

Parler à une femme, c'est comme claquer des doigts devant le visage d'un petit enfant qu'on veut prendre en photo. En vous souhaitant d'avoir suffisamment de clichés d'avance dans votre appareil.

Si vous avez quelque chose d'important à dire à une femme, il faut le répéter trois fois entièrement. La première, elle repère qui lui parle, la deuxième, elle comprend qu'il va falloir s'en souvenir, et la dernière, elle s'en souvient pour de bon. Vous irez beaucoup plus vite en le faisant vous-même, sauf s'il s'agit de lui dire de prendre sa pilule.

Merder : tout un art

Malgré vos brillantissimes cerveaux, il vous sera impossible de prédire de quelle façon une femme va faire une connerie ; comme il vous est impossible d'imaginer une réponse fausse à 2 + 2. Six ? Un avion ? Qui sait, putain ?

Il arrive parfois que l'une de leurs conneries soit mineure, comme de refaire la même six fois de suite, en espérant qu'à force, ça finisse par marcher. Bravo ! Mais à d'autres moments, c'est un vrai coup dur contre l'esprit masculin. Que penser de ces femmes qui versent une cartouche d'encre dans la partie de la photocopieuse où l'on met le papier ? Impressionnant. Peut-être considèrent-elles que photocopier des rapports, c'est comme faire cuire un gâteau ? J'en sais rien.

Et cette autre, qui envoie cinq cents enveloppes à son propre bureau, parce qu'elle pensait qu'il fallait écrire l'adresse de l'expéditeur devant, bien au milieu ? Putain, mais comment ne toujours pas savoir ça à vingt-trois ans ?

Conclusion

Lorsqu'au travail, vous avez affaire à une femme, attendez-vous au moins à une demi-douzaine de conneries. Le chiffre double si vous leur donnez quelque chose de facile à faire, comme d'arriver à huit heures, ou de vous appeler pour vous réveiller à 9 h 30. N'y comptez pas. Sauf s'il s'agit d'empiler des assiettes en carton, ou de taper quelque chose qui est déjà écrit quelque part, faites-le vous-même.

Comment baiser : le guide de vie de Dick Masterson

Je ne vais pas vous mentir. Quand on aborde le sexe hétérosexuel avec les femmes, à part les femmes elles-mêmes, il y a assez peu d'alternatives. Cependant, Elles sont plus faciles à découvrir qu'une carte d'anniversaire musicale. Juste moins agréables à écouter.

Simuler un accent

Qu'importe s'il ressemble à celui d'un putain de chef suédois (*NdT* : l'expression « Swedish Chef » désigne la masturbation du partenaire avec un légume) ; du moment que vous dites « C'est qui, ton papa adoré ? », elle le dévorera comme une cochonne. Par nature, les femmes sont toutes racistes envers leur propre race. Tout ce qui est différent de ce qu'elles connaissent, ou ont déjà vu, devient automatiquement l'homme de leurs rêves. Même si l'accent choisi n'existe pas, rien de grave. Une fois, j'ai dit à une femme que je venais de Nairobi, et je l'ai prouvé en me montrant incapable de prononcer les « r » correctement. Je crois que je les prononçais comme des « w ».

Chiots et chatons

Emmenez de petits animaux stupides avec vous partout, *vraiment* partout. Si le videur de la boîte refuse un billet de vingt pour vous laisser entrer avec votre cochon d'Inde, gardez un sugar glider en réserve dans votre poche.

Chansons mièvres

Les femmes aiment les fleurs, parce qu'elles n'ont absolument aucune valeur. C'est de l'argent jeté par les fenêtres. Les femmes adorent aussi qu'on leur écrive, sur un bout de papier, des paroles de chansons d'amour mièvres. Là non plus, pas la moindre valeur. Ça se fait en deux secondes. Ce n'est même pas la peine de les écrire à la main ! Il suffit d'imprimer n'importe quel texte de Bryan Adams trouvé sur Internet, et de le lui glisser sous sa porte. Ou sous plusieurs portes, c'est pareil ! Dans l'heure qui suit, vous baisez. N'oubliez surtout pas de préciser au crayon où se trouve votre chambre.

Si vous êtes branché Internet, postez ces paroles à la con sur des pages perso. Vous entrerez en contact avec des grosses, mais vous vous attendiez à quoi ? Les femmes, sur la toile, c'est comme un buffet. Vous vous servez à volonté, mais rien n'est bon.

Manclusion

Ne soyez plus nerveux quand vous parlez aux filles. Faites comme mon ami Jeff : imaginez-la en train de chier la plus grosse merde de sa vie. Jeff est un mec un peu bizarre, mais il baise tout le temps.

Comment ne pas se faire prendre

En tant qu'homme, c'est vous qui décidez s'il doit y avoir tromperie dans votre relation. Il m'est assez simple d'imaginer mille situations dans lesquelles un homme serait parfaitement dans son bon droit masculin de tromper sa partenaire, comme par exemple celle où ça ne se passe ni quand, ni comme il l'aurait souhaité.

Michael Jordan s'est fait prendre, et c'est nul. Voilà comment être tranquille si vous trompez quelqu'un.

Comment être tranquille si vous trompez quelqu'un, par Dick

1. Dévoilez d'un coup toutes vos informations personnelles

Vous vous ferez toujours mettre à cause de détails personnels, si vous trichez. Si vous avez sur la queue le tatouage d'une grenouille à moto, les probabilités sont assez faibles pour qu'un autre homme ait le même, et encore moindres qu'une femme puisse l'inventer toute seule. Les femmes ne s'y connaissent pas en maths, mais beaucoup en queues. N'importe laquelle d'entre elles pourrait vous le confirmer.

À partir du moment où vous avez décidé de tromper, dévoilez d'un coup toutes vos infos personnelles. Mettez des photos de votre queue sur Facebook. C'est fait pour ça, non ? Une putain de base de données photographiques que personne ne veut voir, comme des grosses de dix-sept ans en débardeur.

2. N'en ayez rien à foutre si vous vous faites prendre

Il y a longtemps, j'avais un ami qui pratiquait le vol à l'étalage. On l'appelait Alan Keys (*NdT* : déformation volontaire de Alan Keyes, député noir républicain violemment opposé à Barack Obama, le décrivant comme un « usurpateur »). Je vous transmets ici ce qu'Alan m'a appris sur le vol à l'étalage.

Vous voulez être tranquille sur un truc ? Restez cool.

J'ai vu Alan sortir d'un supermarché avec une pastèque au-dessus de la tête, en la tenant comme la Stanley Cup de hockey. Ça n'est passé par la tête de personne de l'arrêter. Si vous trompez quelqu'un, faites exactement pareil. Prenez les appels de la femme mystère pendant le repas. Et ne cachez jamais le moindre reçu ! Il n'y a pas plus louche.

3. Accusez sans cesse votre petite amie de vous tromper

Il y a suffisamment de bons conseils au dos d'un paquet de céréales pour vous apprendre qu'accuser tout le temps quelqu'un, c'est suspect. Suffisamment pour un homme, en tout cas. Les femmes ne réfléchissent à rien ; ni aux conséquences, ni aux preuves, et encore moins à ces putains de céréales. Pourtant, c'est délicieux.

Si vous accusez une femme de vous tromper, c'est comme si vous la rendiez aveugle et du coup, vous vous offrez un mois de tranquillité bien masculine.

Également, ne trompez votre petite amie qu'avec des filles qui ont la même couleur de cheveux qu'elle. Sinon, vous avez intérêt à trouver une putain de bonne raison pour justifier les mèches de cheveux blonds au fond de la douche.

Rien à foutre, du mariage

C'est peut-être la partie la plus importante de tout mon livre. C'est aussi mon sujet préféré : le mariage, et pourquoi c'est stupide.

Ne vous mariez pas.

Ni aujourd'hui, ni demain. Ne vous mariez pas parce que vous la trouvez jolie. Ne vous mariez pas pour l'argent. Ne vous mariez pas pour le sexe. Ne vous mariez pas parce d'autres personnes vous y poussent. Ne vous mariez pas parce qu'une femme le désire. Ne vous mariez pas parce que la Bible vous dit de le faire. Ne vous mariez pas pour avoir des enfants. Ne vous mariez pas pour payer moins d'impôts. Et par-dessus tout, putain, encore pire que de se taper violemment la tête contre les murs, ne vous mariez pas par amour.

Il y a trois raisons majeures pour lesquelles vous ne devriez jamais vous marier, mais en tout il y en a trois milliards : une pour chaque femme sur Terre.

1. Le mariage va à l'encontre de vos instincts mâles

Quand les instincts mâles de l'homme ont-ils été *une seule fois* trompeurs ? Il n'y a pas plus fiable. J'ai vu un homme gagner 30 000 $ au blackjack, après que sa femme lui eut dit qu'elle voulait rentrer se coucher. Devinez qui n'en mérite pas un seul centime ?

Mon cousin a un chien qui a parcouru 150 kilomètres en deux semaines pour revenir chez lui depuis la maison d'un inconnu. Ce chien a un genre : ai-je besoin de vous préciser lequel ?

2. Vous n'êtes pas obligé de vous marier

Vous avez déjà vu ces étiquettes, au dos d'un matelas, sur lesquelles on peut lire « Ne pas retirer cette étiquette » ? Personnellement, j'ai jamais vu ça, contrairement à de nombreux comiques ringards. Et ces panneaux, où il est écrit « Ne pas courir sur le gazon » ? Avez-vous déjà descendu une quatrième pinte, après qu'une femme vous eut dit qu'en effet, vous feriez mieux de ne pas vous y risquer ?

Ce qui arrive, après avoir perpétré le truc, est exactement la même chose que lorsqu'une femme vous menace de partir si vous refusez le mariage et que vous ne réagissez pas : absolument *rien* ne se passe.

Dans *Rock*, avec Nicolas Cage, sa petite amie sexy le menace d'une séparation s'il ne la demande pas en mariage. Ça fout les jetons, hein ? La fille était vraiment bonne. En même temps, dans *Rock*, on voit aussi Sean Connery avec des cheveux, et un président américain qui ne parle pas comme un péquenaud. *Rock*, c'est de la fiction, mes chers amis. Les vraies femmes ne mettent rien en pratique de leur vie, et surtout pas des menaces concernant un mariage.

3. Démenti crédible

Si vous entrez dans une banque avec des lunettes de ski et une arme dans la poche, on vous arrêtera sans doute dès l'entrée. Si vous voyez quelqu'un au milieu de la rue qui s'ouvre une bière et baisse son pantalon, de toute évidence, il est sur le point de faire quelque chose de vraiment con.

Se marier, c'est entrer dans une banque en pleine journée, une bière à la main et le pantalon qui est resté dans la rue. Le mariage est un engagement, un passeport pour un monde imaginaire, d'une certaine façon non sexiste, où les femmes n'ont plus aucun pouvoir financier passé l'âge de trente ans.

Ne vous mariez jamais avant de pouvoir vous regarder dans la glace, et dire :

« Salut, (votre prénom, énoncé avec ironie). D'ici cinq ans, je décide de subvenir aux besoins d'une femme adulte avec une totale bienveillance, longtemps après qu'elle aura décidé de ne plus baiser avec moi tout en couchant sans doute déjà avec le plus d'autres mecs possible, et de toujours se comporter avec moi comme une salope hystérique, sans raison. »

Vous ne pourrez pas vous dire ça, car vous êtes un homme. Le mariage, c'est pour les « lesbiennes », qui n'existent même pas.

Comment signer un contrat de mariage, par Dick Masterson

Je sais, j'ai écrit que la partie précédente était la plus importante de mon livre. En fait, c'est celle-ci : comment s'y prendre pour signer un contrat de mariage. Ce paragraphe va vous sauver la vie.

L'étape numéro un consiste à signer le contrat, en expliquant à votre fiancée de quoi il s'agit. Pendant mes recherches pour ce livre, j'ai discuté du contrat de mariage avec une dizaine de femmes, et j'ai découvert quelque chose de choquant : une sur deux ne savait pas de quoi je parlais.

J'ai noté tous les résultats de mon enquête :

10 n'ont pu expliquer comment elles pouvaient être « hors jeu »

9 n'avaient jamais payé une seule facture pour leur portable

7 ne savaient pas dans quelle direction était le nord

5 ne savaient ce qu'était un contrat de mariage

3 ont admis avoir connu quelqu'un, par le passé, qui avait une MST

1 n'avait pas de portable

Si elle ne sait pas ce qu'est un contrat de mariage, estimez-vous heureux. Expliquez-lui qu'il s'agit d'un formulaire pour adopter vingt chiots après le mariage, ou n'importe quoi d'autre d'aussi con. Rajoutez-en, si vous voulez vous marrer un coup. En entendant le mot « mariage », elle signera le putain de papier encore plus vite qu'elle ne s'évanouira dans la suite nuptiale.

Si elle est vaguement moins stupide que la moyenne, alors apprenez par cœur ce qui suit, et répétez-le au mot près. Ça marchera. Putain, je vous le jure.

« (son prénom), il faut que je te parle de quelque chose qui t'a tracassée, ces derniers temps, d'un point de vue émotionnel. Il me semble que tu n'es pas profondément heureuse, et je voudrais t'aider à en parler. »

Belle intro. Déjà, vous êtes sûr que c'est vrai. Les femmes ne sont jamais heureuses. Ensuite, la meilleure façon de convaincre une femme de faire quelque chose, c'est de lui montrer, d'une manière adaptée, comme elle peut être une putain de dépressive. Les femmes obéissent comme des chiens, quand on leur parle comme ça. La dépression, c'est le « nonos » des femmes.

« Tu sais pourquoi je t'aime tant, (petit nom grotesque) ? C'est parce que les émotions sont tellement plus importantes, dans une relation, que des choses futiles comme gagner de l'argent, ou résoudre des problèmes. Tu es ma bouée affective. Et je veux faire tout ce qui est en mon pouvoir pour que tu te sentes le plus émotionnellement soutenue possible. Surtout depuis que nous avons décidé de fonder une famille. »

Je me suis dégoûté moi-même en écrivant ces conneries insupportables, alors je vous conseille, les mecs, de vous en servir.

« (autre petit nom grotesque), je veux que tu saches que je serai toujours là pour toi, et toi seule. Jamais je ne veux que tu imagines que je suis là à cause de l'attirance physique réciproque que nous éprouvons, ou pour ce que nous partageons, ni même à cause des enfants avec lesquels, un jour, nous partagerons peut-être notre vie. »

Maintenant, vous pouvez placer ce fils de pute de contrat :

« Ou même à cause de quelque chose d'idiot comme l'argent. Je veux que tu saches au plus profond de ton cœur que je ne suis là que pour toi, et pour tes sentiments. C'est pour ça, je crois, que nous devons signer cette promesse d'amour ; une promesse qui dit que nous serons là l'un pour l'autre, pour toujours. Je veux être sûr d'avoir tout fait pour que tu te sentes en sécurité. »

Et si ça ne marche pas, dites-lui qu'il y a soixante-dix mille dollars de dettes sur sa carte de crédit. Ou comment faire des dettes un atout.

Pourquoi les femmes détestent le sexe

De tous les problèmes présents, passés ou futurs rencontrés sur cette Terre, il n'y en a qu'un que les hommes n'arriveront jamais à résoudre. Insoluble comme un putain de Rubik's Cube réduit en morceaux.

Les femmes détestent le sexe. Pour l'homme, c'est le comble de la débandade. Comment est-ce possible ? Les partenaires sexuels des femmes sont les meilleurs amants au monde. Comment peuvent-elles détester le sexe ? Les mâles humains sont si bons, sexuellement, qu'ils ont même inventé les poupées gonflables pour tout le temps garder la forme.

Est-ce que les femmes détestent le sexe à cause d'une culpabilité liée au dogme d'une société puritaine dépassée ? Ou est-ce parce qu'elles craignent encore plus l'abandon de soi que la mort ?

Non. Les femmes détestent le sexe car elles le pratiquent d'une façon minable.

Allez jeter un coup d'œil vers les caisses de votre supermarché local. Ça grouille de femmes. Si l'époque était plus masculine, on pourrait désigner cette partie du magasin comme la véritable section des Études féminines. Regardez les magazines. Vous constaterez qu'ils sont tous liés par un thème récurrent :

« Dix façons de ne pas sucer au lit. »

« Six choses à faire à votre homme qui ne vous obligent pas à rester allongée immobile. »

« Franchement, qui ça intéresse qu'on garde ou pas nos chaussettes ? C'est pathétique. »

Voilà ce que les femmes achètent par paquets : des guides expliquant comment ne pas sucer au lit.

Les femmes sont aussi nulles pour le sexe qu'un mur pour jouer au tennis avec vous. Vous pouvez toujours improviser au lit comme un dingue, faire des cascades stupéfiantes telle la bête de sexe que vous êtes, pourquoi pas aussi quelques brusques retournements et autres body slams (*NdT* : figures de catch) ; tout ce que vous accomplissez dans la chambre à coucher, c'est vous, l'homme, qui en décidez, et je ne plaisante pas.

Mais ça ne changera rien. La femme restera impassible et inébranlable, restant assise à ne rien faire, comme le mur, à penser qu'elle a besoin de se remettre une couche de laque.

En chinois, le symbole de « crise » est le même que celui d'« opportunité ». Je n'ai pas vérifié, mais c'est un mec qui l'avait en tatouage qui me l'a dit. Je suppose que lui avait vérifié, car les hommes sont meilleurs que les femmes. Ce symbole, pour les chinois comme pour tous les hommes, signifie que durant une crise, nous sommes au meilleur de nous-mêmes. Prêts à changer un pneu crevé par une nuit sans lune, par exemple. Alors que l'homme fait son boulot sur le bord de la route, pensez-vous qu'une femme s'arrêterait et tiendrait une lampe de poche pour l'aider ?

Les femmes détestent tenir les lampes de poche, elles font ça comme des grosses nulles – et elles détestent le sexe pour la même raison. Obligez une femme à tenir une lampe de poche, et il y a de grandes chances pour que vous la surpreniez à éclairer le ciel, sans aucune putain de raison. Autant l'accrocher avec du scotch à une boîte aux lettres, ou la catapulter dans l'espace.

Les femmes nous trompent toutes, elles ont ça dans la peau

Je ne l'affirme que parce que c'est totalement exact. C'est sans appel : chaque femme au monde trompe, a trompé, et est sans doute en train de tromper quelqu'un au moment même où je l'écris.

Toutes des putes.

Faire en sorte qu'une femme trompe son mari, ou quelqu'un d'important, ce n'est pas comme la convaincre d'aller à son club de gym. Dans le deuxième cas, il faut d'abord la couvrir de putains de cadeaux, et lui accorder autant d'attention qu'à un enfant gâté, pour à la fin ne pas être remercié une seule seconde. En d'autres termes, il lui faudra toujours une bonne raison pour y aller. Pousser une femme à tromper, par contre, c'est comme donner une miette de pain à un canard. Il suffit de l'agiter sous ses yeux.

Attirer l'attention des hommes, c'est leur raison de vivre, aux femmes.

Bien, mal, de la pire des façons, ça leur est égal. Pour elles, apparaître dans une vidéo porno est aussi respectable que de servir dans la haute administration. Les femmes accumulent les rencontres comme les assiettes vides lors d'une convention du N.O.W. (*NdT* : National Organization for Women, organisation féministe).

La soif d'attention de la femme est semblable au désir de l'homme de consommer et de gaspiller – deux désirs franchement très masculins. Balancer un sandwich dans la rue, par exemple. Qu'y a-t-il de mieux ? En balancer deux ? Et si le deuxième coûte deux fois plus cher que le premier ? Et s'il a fallu faire une longue queue pour l'acheter ? Je le ferais quand même, et je parie que la plupart des hommes aussi.

Mais... Si ce deuxième sandwich vous coûtait votre dignité, votre travail et votre âme ?

Si on remplace « sandwich » par « homme », et « balancer dans la rue « par « attirer son attention », il devient facile de tirer la conclusion que les femmes feraient n'importe quoi pour en avoir toujours plus.

Les femmes pensent que « tromper » requiert un niveau de préméditation et d'intelligence comparable à celui du cambriolage d'une putain de banque. Si votre unique preuve d'infidélité, c'est qu'elle a bu et s'est retrouvée dans une situation compromettante, vous êtes dans le pétrin jusqu'au cou. Ça signifie que si, d'une façon ou d'une autre, une femme réussit à convaincre un collègue de bureau de « profiter » d'elle, ce n'est pas tromper. C'est juste quelque chose d'horrible qui arrive encore à sa pauvre petite personne sans défense.

Mais il y a pire.

Les femmes ne considèrent pas non plus qu'il y a « tromperie » quand elles pataugent dans des liaisons tordues à la *Dynasty*. Une femme peut traîner avec cinq ou six de ses ex sans que ça ne lui pose aucun problème. Elle est prête à accepter des gentillesses de la part de collègues de bureau, ou de ses profs de fac, sans même se demander pourquoi ils lui proposent un massage du dos gratuit. Rien de plus raisonnable que ça, n'est-ce pas ? Un massage gratuit...

N'importe quoi.

Les femmes me rendent dingue : 1re partie

Quand il s'agit de conduire – que ce soit une voiture, un train ou une relation à son terme –, les hommes sont meilleurs que les femmes. Lorsqu'un homme conduit, il ne pense qu'à trois choses : conduire, ne rien cogner, et ne pas perdre de temps. C'est exactement le contraire pour les femmes.

Une femme qui conduit n'a en tête que la suite – une fois arrivée à destination –, quand elle se retrouvera entourée de gens ; amis, famille, caissières. Le plus égoïstement du monde, elle commence déjà à réfléchir à la façon d'attirer le maximum d'attention sur elle quand elle arrivera.

Voilà à quoi pense la femme quand elle conduit. Rien à foutre de la sécurité et du code de la route. Elle ne pense qu'à se maquiller en conduisant. Peut-être croit-elle qu'ainsi, ses amis penseront que ses journées débordent de corvées domestiques, d'activités diverses et de moments difficiles. Elle peut aussi imaginer qu'elle a évité de justesse une autre conductrice qui ne maîtrise rien non plus, pour ensuite raconter, en l'exagérant, ce pathétique moment de panique, afin de se faire plaindre, et que l'attention se porte sur elle.

Les femmes sont accros à la compassion comme on l'est au crack. Pour ça, elles sont prêtes à tout, même à dévaler une route parfaitement droite comme une boule de bowling lancée de travers.

Les hommes sont meilleurs que les femmes : le Top 10 de Dick

Un jour, j'avais décidé de faire la liste de tous les domaines dans lesquels les hommes sont meilleurs que les femmes ; j'ai bloqué mon ordinateur, en saturant toute ma mémoire vive.

J'ai recommencé, mais en ne gardant que les dix premiers. En tant qu'homme, dès qu'une idée me traverse la tête, je me mets au travail. Mon idée aurait tout aussi bien pu être la roue, ou le barrage Hoover. Les hommes ne se contentent pas de profiter du monde autour d'eux. Ils cherchent toujours à l'améliorer.

Les hommes sont meilleurs que les femmes : le Top 10 de Dick

10. Les hommes ne souffrent pas du syndrome de Tourette

Je pense que les femmes souffrent toutes d'une forme bénigne du syndrome de Tourette : elles ne peuvent jamais la fermer plus de dix secondes, même quand des adultes parlent.

9. Les hommes ne sont pas des moutons

Une femme arrive quelque part, et vous n'avez pas eu le temps de vous retourner qu'elle a déjà changé de garde-robe et de comportement, comme si elle avait rejoint une secte. Les hommes ne sont pas des moutons. Tout le monde sait qu'un mouton femelle, c'est une brebis, mais quel mot désigne le mouton mâle ? Aucun.

8. Les femmes sont haineuses

La vie entière des femmes, tout comme les cercles qu'elles fréquentent, est fondée sur la haine. Est-ce qu'elles détestent leurs petits amis ? Est-ce qu'elles détestent leur garde-robe ? Est-ce qu'elles se détestent entre elles ? Oui, oui, et trois putains de fois oui. Les hommes ne cèdent pas à ce genre de stupidités féminines. Quand un homme n'est pas content, il prend ses affaires et il se barre. Ou alors, avec nos muscles surpuissants, nous soulevons une putain de montagne pour que le monde ressemble exactement à ce que nous voulons. Les hommes changent plus de choses avant neuf heures du matin que n'importe quelle femme en toute une vie.

7. Les hommes vivent moins vieux que les femmes

La dernière chose dont une société a besoin, c'est une bande d'individus passifs, ne contribuant à rien, et passant leur temps à traîner tout en profitant de ressources prévues pour les jeunes. Les hommes le savent, et dès la naissance nous démarrons comme de viriles étoiles filantes, nous consumant dix ans plus vite, mais embrasant la nuit de notre masculinité. Les femmes, elles, traînent comme des cochons dans leur fange. Toutes mes félicitations, mesdames. Vous vous êtes bien battues pour vos droits !

6. Les hommes sont illisibles

Écrire est un moyen idiot et inefficace de communiquer. Les hommes le savent, et se foutent d'avoir une écriture avec des boucles, des ronds, etc., tout ça tellement gros que de chez eux, les petits hommes verts arrivent à lire les papiers sur lesquels est écrit de ne pas oublier de prendre sa pilule.

5. Jésus était un homme

Que vous soyez ou non croyant, il y a un point indiscutable : Jésus était un homme. Aucune religion, nulle part, n'a jamais désigné une femme comme représentante.

4. Les hommes portent des montres

Savez-vous pourquoi les hommes portent des montres ? C'est parce qu'il y a une quantité limitée de temps, chaque jour, et qu'ils ont besoin de savoir combien il en reste, afin d'efficacement répartir leur génie. Les femmes n'en portent pas. À la place, elles ont des bracelets. Comme des gamins arriérés devant un distributeur de bonbons, les femmes peuvent passer des heures à regarder leurs bracelets, sans jamais se lasser.

Une montre, ça dit : « Lève-toi et vas-y ! Bouge ton cul d'homme et va voir où en est ton putain de business d'homme ! » Ce n'est pas pour rien que l'émission *60 Minutes* utilise le tic-tac d'une montre dans son générique. « Il se passe des trucs importants, et on va vous en parler d'une façon minutieuse, alors putain, soyez prêts ! », dit le tic-tac de la montre. Un bracelet, ça dit : « Regardez tout l'argent qu'un homme a dépensé pour moi ! » Quelle blague.

3. Un garçon, ça détruit

La seule chose qui a fait sortir notre espèce des forêts dans lesquelles elle vivait, c'est notre capacité de destruction. Prenons l'exemple du papier, pierre angulaire de notre monde moderne. Il a été inventé parce qu'un homme a voulu remplacer des arbres par de la pâte à papier. Et la force nucléaire ? Elle a été inventée par l'homme en détruisant des atomes. Les hommes sont des destructeurs naturels. Sitôt sortis de l'utérus, nous commençons à démolir la Terre avec nos poings puissants et virils. Putain, ça a de la gueule !

2. Le mariage, c'est stupide

Le mariage est à 100 % de la faute des femmes, mais il a été inventé par les hommes ! Les femmes étaient trop occupées à draguer pour baiser le mec qui payait leur loyer et engraissait tous les jours leur cul. Les hommes ont alors inventé le mariage, pour que les femmes sachent qui elles pouvaient baiser ou non. Comme tout ce que l'homme a inventé, ça a parfaitement marché, au-delà des espérances. Les femmes sont devenues tellement accros à ce qu'on leur dise qui baiser qu'aujourd'hui leur vie entière tourne autour de ça.

1. Les hommes ont un pénis

Avoir un pénis – en d'autres termes, ressembler à un homme et avoir des parties masculines – est une façon virile de dire à tout le monde « Hé, regardez-moi. Je suis un homme. Je ne vais pas foutre en l'air tout ce que vous êtes en train de faire. Si vous avez besoin d'aide, demandez-moi et je vous donnerai un coup de main d'homme. C'est le putain de moins que je puisse faire pour être poli. »

Les femmes ont inventé les impôts

Il y a deux choses inévitables, dans la vie : la mort et les conneries des femmes.

Les femmes ont inventé les impôts. Je déteste ces merdes d'impôts, parce que je suis un homme et je n'aime pas me faire mettre sans avoir été prévenu. Jetons un coup d'œil à toutes ces choses si précieuses payées par nos impôts.

Les flics

Les femmes sont la seule raison pour laquelle on a besoin de policiers – en particulier des policières. Putain, les femmes laissent leur numéro de téléphone sur leurs pages Facebook ! C'est pour ça, qu'on a besoin de flics.

S'il n'y avait pas de femmes, il n'y aurait aucun crime avec violence. Dans un monde d'hommes, toute personne qui essayerait de voler un truc, ou de frapper quelqu'un, on lui défoncerait la gueule.

C'est pour protéger les femmes, qu'on paye des impôts. Je ne comprends pas pourquoi tout le monde dit que le Moyen-Orient est en retard. Là-bas, les femmes ne peuvent pas sortir sans un homme, mais c'est bien la même chose ici, aux États-Unis, non ? C'est juste que chez nous l'homme porte un insigne, et qu'à l'arrivée il nous envoie la putain de facture.

Les écoles

Je suis allé à l'école publique, et presque tous mes professeurs étaient des femmes. Les femmes vont vers l'enseignement, parce que c'est un boulot facile qui n'a pas besoin de résultats tangibles, et ne mérite aucun respect – comme le strip-tease. Je suis certain que n'importe quand, je peux prendre au hasard un enfant dans la rue, et lui transmettre un savoir plus précieux que n'importe quelle école ne saurait le faire dans ses étables pour ânesses financées par les fonds publics. Je dis un truc aux gamins, et ils me répondent : « Waouh, on n'avait jamais envisagé ça comme ça ! » Les profs seraient prêts à s'entretuer pour obtenir ce genre de réponse, alors que je n'ai même pas à faire d'effort. Une fois, j'ai appris à lire à des enfants mexicains, un jour où d'ailleurs j'étais complètement bourré, mais c'est une autre histoire.

Les enfants respectent les hommes, car on ne cherche pas à gagner leurs faveurs comme des clowns de cirque. Sans les femmes, on enverrait simplement les enfants dans les mines de sel pour leur huitième anniversaire.

« Joyeux anniversaire, petit merdeux ! Prépare-toi à t'instruire. »

Waouh, ça c'est viril.

Les routes

Sans les femmes, les seules voitures disponibles seraient des 4x4. Les Lamborghinis auraient des pneus plus larges que dix hommes, et pourraient rouler à 1 600 km/heure.

Les femmes sont obsédées par le sexe !

Les femmes disent que les hommes sont obsédés par le sexe, mais c'est des conneries.

Vous souvenez-vous de cette époque ancienne où les femmes ne se mettaient pas en quatre pour être les premières à parler de leur précieuse collection de godes ? On en arrive au point où à peu près tout peut faire démarrer les grandes eaux pendant dix minutes, autour du meilleur petit ami qu'elles ont jamais eu.

S'il fallait une preuve supplémentaire que les femmes sont plus obsédées par le sexe que les hommes, le godemiché, c'est le coup de grâce. Combien d'hommes ont chez eux de fausses fesses de femme ? Je n'en connais pas. Pas plus que je ne connais pas une seule femme qui n'a pas un pénis en plastique planqué sous son lit – un sexe dont, en réalité, elles rêveraient qu'il soit le leur.

Les années 70 nous ont apporté l'amendement sur l'égalité des droits, et les gloussements simultanés de milliards de femmes partout dans le monde, se complaisant dans la « revendication sexuelle », comme une truie à mille têtes dans une fosse à purin. Un gode ne donne aucun pouvoir sexuel. Il est juste la preuve que point de vue sexe, les hommes sont meilleurs que les femmes.

Les femmes sont tellement paresseuses, qu'elles ont besoin d'une aide électrique pour faire vibrer leurs moteurs à amour. Le plus qu'un homme ait à mettre dans un sex toy, c'est cinquante dollars pour un dîner et un ciné.

Comment identifier une salope

Voici une activité bien virile à pratiquer quand vous avez du temps libre. C'est comme les devoirs à la maison, mais vous ne serez pas noté. Vous êtes un homme, vous êtes donc reçu d'avance.

On me pose la question suivante plus souvent que toutes les autres :

« Dick, comment savoir si ma petite amie est une salope ? »

La réponse est aussi facile que votre petite amie.

Trois façons de savoir si une femme est une salope, par Dick

1. Elle a un téléphone portable

La salope a toujours un portable, parfois deux. C'est la meilleure façon d'attirer clairement l'attention sur elle, et cette attention est l'étape décisive vers le sexe. Le dîner gratuit de ce soir ne convient pas à madame ? Aucun problème, pour la salope. Elle sort d'un coup son portable pendant l'entrée et invente une délicieuse mélasse à base de drame et de ragots avec ses meilleures amies, que d'ailleurs elle déteste, et trouve une bonne raison pour ne pas pouvoir attendre quarante minutes pour rappeler. Même une pute a plus de classe, et éteint son portable.

2. Elle parle d'un autre homme

Toutes les salopes parleront d'au moins un autre homme que vous, pendant une conversation. Ça peut être un collègue de bureau, un voisin ou un « ami », mais si elle parle d'un homme, elle ne pense qu'à une et une seule chose.

Oui, Dieu est un homme. Si c'est une femme d'Église, il y a des chances pour que vous vous retrouviez avec une salope d'Enfer ! Tu sauras qui remercier, mon salaud.

3. Elle veut des talons

Tout ce qui a rapport aux talons hurle « salope ». Je n'évoque pourtant pas ici les talons de douze centimètres des strip-teaseuses. Je parle de petites chaussures à talons, de bottes, tout ce qui n'est pas une basket.

Les femmes ont beau dire, il n'y a qu'une seule raison pour porter des talons dans la société actuelle : attirer l'attention sexuelle aussi lourdement, clairement et ouvertement que possible. C'est comme un homme qui porte un casque. Soit il craint, à un moment de la journée, de prendre un coup, soit il est arriéré. C'est la même chose pour les femmes en talons. Elles vont en effet prendre un coup, mais pas à la tête. Au vagin.

Les femmes me rendent dingue : 2e partie

Les femmes ne savent pas conduire. Et comme d'habitude, moi, Dick Masterson, j'ai une auge pleine à ras bord de preuves pour votre truffe d'homme vorace.

Qu'est-ce que Liberace et les femmes ont en commun ?

Les deux aiment la bite (« dick »), et je ne parle pas de moi. Je n'ai même jamais rencontré Liberace *(NdT* : showman et pianiste américain virtuose, mort du sida en 1987). Je parle du sexe entre hommes. Il semble que Liberace le pratiquait avec goût et subtilité, parce que c'était un homme, tandis que les femmes s'y mettent avec des costumes en velours deux tailles trop petites pour leur gros cul, et avec les mots « cul » et « délicieux » brodés sur le côté (*NdT* : « bootylicious », en v.o.).

Liberace et les femmes portent également tellement de putains de bagues, qu'il leur est totalement impossible de conduire.

Vous vous souvenez du dessin animé où Bugs Bunny déguisait Elmer en femme ? Vous savez pourquoi c'était marrant ? Parce qu'Elmer est chauve, grassouillet et porte un fusil. Il ne ressemble en rien à une femme.

Je ris exactement de la même façon quand je vois une femme conduire.

Des ongles grands comme des tortillas, des sandales à plate-forme, une voiture dix fois plus grande que ce qu'une femme est normalement capable de conduire... Je pourrais continuer, et d'ailleurs je le fais : des lunettes de soleil d'une taille grotesque, des doigts couverts de putains de bagues, la frange dans les yeux, une poitrine... Comment les femmes font-elles pour tourner ce putain de volant, avec cette poitrine qui les gène en permanence ? C'est comme un homme qui essaye de croiser les jambes, ou de pleurer. C'est impossible, on a des couilles.

Liberace pouvait jouer du piano avec un kilo de bagues. Les femmes ne font même pas l'effort de sucer après en avoir reçu une.

La calvitie, c'est viril. Le Top 10 de Dick

Devenir chauve, c'est un peu la ménopause des hommes – tant que « possibilités accrues d'ostéoporose » signifie en fait « possibilités supplémentaires d'emballer une nana sexy avec sa nouvelle décapotable ».

10. Se coiffer, c'est perdre des points mâles !

Exactement comme commencer par la douche quand on se lève. Ce n'est masculin de s'occuper de son hygiène personnelle que si vous vous retrouvez dans une putain de baignoire en bois à la con, pleine d'eau et de borax, après avoir payé 25 cents pour faire trempette pendant une heure, comme il y a deux siècles. Sinon, vous perdez environ dix points mâles par minute durant votre douche de gonzesse.

La semaine dernière, j'ai pris une douche d'une minute et demie. Ça doit être un genre de record.

9. Avec les cheveux en bataille, vous avez l'air d'un con

Vous avez déjà vu l'un de ces mecs avec comme une crinière frisée dressée sur la tête ? Comment on les appelle, déjà ? Ah oui, des adolescents. S'il y a bien une chose que je sais à leur sujet, c'est que la plupart d'entre eux ne baisent pas, et que tous les autres mentent. Il faut un homme, un vrai, pour parler de sexe. C'est d'ailleurs la raison pour laquelle ça ne pose pas de problème aux hommes de convier une autre fille lors de relations sexuelles. Il n'y a pas tromperie : prendre une deuxième entrée ne veut pas dire qu'on fait deux repas.

8. Les accessoires, c'est pour les femmes

Des peignes ? De la laque ? Du shampooing ? Que des trucs idiots de femmes, qu'on n'arrive jamais à trouver facilement. Ce dont un homme a besoin ne doit en aucun cas être compliqué à localiser. Tout doit pouvoir démarrer au quart de tour comme une grosse bête mécanique, crachant essence et fumée dans toutes les directions, formant un cyclone de poison autour du maître tout-puissant. Putain de Dieu, comme c'est viril !

7. Les ours sont poilus

Les hommes ne sont pas des animaux. Nous pouvons être aussi tenaces qu'un requin mâle, et puissants qu'un rhinocéros, mais nous restons des hommes. Nous sommes notre propre et unique espèce animale, un million de fois supérieure à toutes les autres créatures minables de Dieu. Être chauve, c'est un peu le leur rappeler, à tous, en leur collant sous le nez.

6. Dame Nature peut aller se faire foutre

Tout comme il est viril de ne *jamais* porter de veste, ça l'est tout autant de ne pas avoir de cheveux. Avoir des cheveux, c'est comme prendre avec soi une veste « au cas où ». Mon Dieu, mais il n'y a rien de plus féminin au monde.

5. Sean Connery est chauve

4. Calvitie = Intelligence

Dans les films, ils donnent toujours une putain de chevelure atroce aux étrangers, avec une mèche ramenée vers l'avant. C'est parce qu'être chauve, ça donne l'air intelligent.

Un homme peut avoir l'air intelligent après avoir travaillé toute une vie sur les mathématiques et la science ; il dit et fait des choses intelligentes. Un autre aura l'air intelligent *juste* parce qu'il est chauve.

3. Le vrai mâle américain est chauve

Un chauve peut botter le cul de six mecs qui ne le sont pas. Au cinéma, dès qu'un chauve apparaît, vous savez qu'il va y avoir une belle grosse bagarre. Tel le cobra et tous ses yeux dessinés derrière le cou pour faire fuir ses prédateurs, l'homme chauve peut utiliser son crâne pour éblouir ses ennemis.

2. Pour tout le monde, les chauves évoquent le pénis

On entend parfois des féministes affirmer que le pénis est un mythe. C'est faux, et les chauves sont là pour nous le rappeler. Il suffit que vous n'y pensiez plus, ou qu'une femme se mette en tête qu'elle va arrêter d'aller au club de gym et prendre une deuxième entrée avant sa salade, pour qu'arrive un homme chauve et sa tête en forme de pénis géant pour la remettre dans le droit chemin – aussi droit qu'un pénis.

1. Bald Is Beautiful

(*NdT* : « bald » = chauve) Les femmes penseront et diront toujours tout ce que vous voulez entendre. Si une femme veut une pomme et que vous lui tendez une orange, elle sera aussi heureuse que si c'était celle de Jésus. Chauve ou non, vous êtes un homme, et c'est vous qui décidez.

Et que quelqu'un conseille à Natalie Portman de mettre une putain de perruque (*NdT* : elle s'est rasé la tête pour le film *V pour Vendetta*). Non mais ! Est-ce qu'elle va aussi se mettre à sortir avec des mecs deux fois plus jeunes qu'elle ? Répugnant.

Nicolas Cage

Vous avez déjà baisé avec une femme qui aimait Nicolas Cage ? Bien sûr que non, puisqu'elles le détestent toutes.

Nicolas Cage est un grand bonhomme, et il le sait. C'est pour ça que les femmes le détestent. Il est presque trop viril malgré lui, aime les moustaches, et les femmes détestent tout ce qui est trop viril malgré soi. Elles ne peuvent pas s'empêcher de se jeter dans les bras d'un homme viril, par pure recherche de la satisfaction sexuelle, comme des vierges vouées au sacrifice – d'où cette haine.

Nicolas Cage est tellement viril qu'il a changé son propre nom, pour encore plus accentuer la férocité de sa virilité.

Pouvez-vous imaginer un monde sans *Volte/Face*, *Les Ailes de l'enfer*, ou *60 Secondes chrono* ? Bien sûr que oui, puisque vous êtes un homme, et en même temps non, pour la même raison. Les hommes ne perdent pas leur temps à imaginer des scénarios horribles. C'est la raison pour laquelle les hommes ne seront jamais des mères nulles et surprotectrices.

L'autre jour, je regardais *Lord of War*, et j'en suis arrivé à une conclusion inquiétante : Nicolas Cage est tellement viril que tous les autres peuvent aller se faire foutre. Nicolas Cage n'a aucune pitié ni compassion, ça crève l'écran à chacun de ses mouvements. C'est pour ça que son putain de nez est si bizarre, car Cage est comme un aigle gigantesque, ou un boulet de démolition auquel serait accroché un pic indestructible, ce qui lui donne l'aspect d'une étonnante représentation en trois dimensions du symbole masculin. Oui, son nez est aussi viril que ça.

Nicolas Cage a fait l'amour avec sa petite amie sexy, sur le toit d'un immeuble, pendant une conversation où il lui expliquait pourquoi il n'allait pas se marier avec elle. Personne n'a jamais rien accompli, nulle part, d'aussi viril. La seule façon pour que ce soit encore plus viril aurait été de terminer la discussion par une baffe.

Nicolas Cage a couché avec Angelina Jolie dans une voiture qu'il était en train de voler. Quand j'ai vu *Mr. & Mrs. Smith*, j'espérais le même genre de chose, mais j'ai été déçu. Il faut dire qu'à part Nicolas Cage et Jack Black, personne n'a jamais dit à Angelina Jolie qu'elle pouvait se la mettre où je pense, même si à l'évidence elle en a bien besoin.

Debout sur un tas de mitrailleuses abandonnées, Nicolas Cage a un monologue dans lequel il explique comme les armes, c'est à la fois extraordinaire et viril. Personne n'avait jamais fait ça, et ne le fera plus jamais, tellement c'est brûlant, des putains de mitrailleuses. Seul Nicolas Cage est assez viril pour rester là-dessus. Ses pieds de mâle sont de glace.

Rien à foutre du sexe oral. Et des orgasmes non plus

Tout homme normalement concentré, ou bourré, peut apprendre à peu près tout ce qu'il veut en regardant la télé, véritable source d'informations. Plus précisément, c'est un miroir, et nous, les hommes, sommes la source d'informations. En regardant la télévision, récemment, j'ai entendu des statistiques que je devais sûrement déjà connaître.

70 % des femmes n'ont jamais eu d'orgasme en faisant l'amour.

C'est intéressant, me suis-je dit. J'aurais imaginé plus, d'ailleurs, parce que franchement, qu'est-ce qu'on en a à foutre des femmes et de leurs putains d'orgasmes ? Personne, à part ceux qui ont fait cette étude.

85 % des hommes n'aiment pas pratiquer eux-mêmes le sexe oral.

« Foutaises », ai-je pensé en voyant ça. Le bon pourcentage, c'est 100 %.

Si les hommes étaient aussi mauvais que les femmes pour l'orgasme, il y aurait environ cinquante personnes sur terre, et toutes auraient mal au crâne.

Les hommes sont là pour protéger l'espèce, gentlemen et messieurs. Les hommes ne laissent pas leurs problèmes personnels et leurs comportements frigides intervenir dans la procréation de l'espèce. Il y a de quoi être fier. Laisser les problèmes personnels déborder sur soi-même et sur les autres, c'est bien la marque de fabrique de la femme. Combien de femmes, par exemple, avez-vous vues pleurer sur leur lieu de travail ? Je lis dans vos pensées et je devine votre putain de réponse : une quantité anormale, voilà le chiffre.

Alors qu'elles ont probablement de bonnes raisons pour que ça arrive, elles oublient aussi probablement qu'il n'y a *jamais* de bonne raison de pleurer sur son putain de lieu de travail. Il y a des gens qui essayent d'avancer dans leur boulot pour pouvoir nourrir leurs enfants. Tout le monde se fiche de savoir si le patron a réagi trop vivement à vos avances sexuelles à peine masquées, ou au contraire pas assez.

Une femme au travail, c'est comme un chaton coincé en haut d'un arbre. Elle ne sait absolument pas comment elle s'est retrouvée là, elle n'arrête pas de chouiner pour qu'on la remarque, et ne sait pas comment monter ou descendre tant qu'un homme ne passe pas par là, et a pitié d'elle. Quelle coïncidence : c'est également une excellente description du comportement de la femme dans une chambre à coucher.

Bitchmas, et comment les femmes l'ont inventé

Bitchmas ne correspond pas en tant que tel à des vacances précises. C'est surtout un nom que moi, Dick Masterson, je donne à toutes celles que les femmes foutent en l'air (*NdT* : « bitch », grosse râleuse, ici + la fin de « Christmas », Noël). Noël, Halloween, la fête des pères ou les vacances que vous voulez, les femmes les ruinent en se plaignant tout le temps, et ça recommence chaque année.

Je ne sais pas pourquoi ça les excite tant de bousiller la bonne humeur et la joie des vacances, mais putain, elles ne se gênent pas.

Les femmes ont ruiné Noël

Quand Noël arrive, les femmes se comportent comme des sauvages. Deux mois à se prendre la tête en hurlant, parce que des bougies sont mal placées, ou que tout le monde se fout de l'éclairage extérieur. Si c'est si beau que ça, pourquoi est-ce qu'on ne les met pas *dans* la maison ? Parce que ce n'est *pas* beau, c'est ringard et sans intérêt.

Les femmes ont ruiné Halloween

Pour les femmes, Halloween est une excuse pour s'habiller comme des putes. Ça ne rend pas Halloween plus original, mais juste tous les autres jours de l'année sans intérêt particulier. Pourquoi est-ce qu'un déguisement d'infirmière salope ne lui servirait pas aussi de pyjama en juin ? Parce que les femmes ont ruiné Halloween, c'est tout.

Les femmes ont ruiné la Saint-Valentin

Des chercheurs estiment que les femmes pomperont environ 13,7 milliards de dollars en conneries pour la Saint-Valentin, cette année. Ça fait 13,7 milliards de dollars en fleurs, bijoux et lingerie qu'elles ne porteront qu'une seule fois, car pour je ne sais quelle raison idiote, les femmes pensent que la lingerie, c'est comme le savon : plus on l'utilise, plus ça diminue. Il n'y a pas écrit « Ne s'use que si l'on s'en sert » sur la lingerie – par contre, ça irait très bien pour les gros culs.

Si j'en crois certaines publicités, il suffirait de quelques centimes par jour pour améliorer la vie des enfants pauvres africains. « Quelques centimes par jour », ça fait un maximum de quatre centimes. S'il en fallait cinq pour sauver ces enfants affamés, alors ils diraient « une seule pièce », parce c'est plus court à dire, et le temps de diffusion économisé pourrait être converti en nourriture.

13,7 milliards de dollars, prix du sang pour la Saint-Valentin, divisé par quatre centimes, ça fait 342 billions d'enfants africains sous-alimentés. Pas besoin de vérifier sur une mappemonde, pour comprendre qu'en Afrique, le nombre d'enfants africains est inférieur à ça. Il n'y a même pas autant d'enfants africains affamés dans le monde entier.

Cette princesse, à qui vous achetez un chiot pour la Saint-Valentin, empêchera des enfants de manger à l'autre bout du monde, en dépensant l'argent en repas pour chiot. Et elle y prendra beaucoup de plaisir.

Les femmes ont ruiné le premier avril

Les femmes sont les plus mauvaises joueuses de l'Histoire. Si vous voulez enchaîner de « passer une bonne journée » à « être extrêmement gêné » en une fraction de seconde, jouez un tour à une femme, et préparez-vous à une crise de force cinq sur l'échelle de Richter. Planquez l'argenterie *avant*, au risque de vous retrouver avec quelques piercings non désirés sur le visage.

L'âme des femmes est mauvaise, et elles attribuent toutes les farces à la méchanceté et à la malice, comme si elles étaient préméditées. Les femmes n'ont pas non plus d'amour propre, considérant que toute personne qui rigole se moque d'elles, sans compter les vingt autres à qui on racontera l'histoire après. Elles sont également capables d'imaginer que les hommes se masturbent en pensant à certaines farces. En ce qui me concerne, ça n'a aucun sens, mais ça en aurait pour une femme.

La fête des pères est une escroquerie

La fête des pères a été inventée par une femme qui voulait recevoir des tonnes de compliments pour avoir eu la générosité d'honorer son père pendant une journée. Si ça intéressait tant les femmes d'honorer leur père, elles arrêteraient de se marier avec de tels cons.

Les hommes n'aiment pas perdre leur temps à se contorsionner pour ce type d'absurdités. Si vous voulez avoir un geste gentil, les filles, allez-y. Mais n'en rajoutez pas, juste après vous être fait les ongles, parce que vous êtes allées chercher un petit chèque cadeau chez Best Buy, ou quelques DVD de James Bond en solde.

Les hommes n'ont pas non plus comme habitude de mettre des obstacles juste pour voir ceux qu'ils aiment se casser la figure, essayant de garder un équilibre impossible entre « sincérité » et « suffisamment cher ». Les femmes, par contre, inventent des vacances et des anniversaires, pour ensuite tourner toute l'année autour du calendrier, dans l'espoir que vous en ratiez un, et les fassiez passer pour des martyres.

La répugnante vérité derrière la chirurgie esthétique

Un certain pourcentage de femmes mariées a recours à une chirurgie esthétique choisie.

J'étais sur le point d'aller vérifier le pourcentage exact quand j'ai réalisé quelque chose.

Il n'y a qu'une seule façon pour une femme d'améliorer son mariage, ou sa relation : la pipe du matin, et la fermer. Vous allez me dire : « Dick, ça fait deux trucs, ça, mon pote. » Bon. À moins que vous soyez en mesure de me présenter la première femme qui sait la fermer quand elle ne suce pas, ça n'en fait qu'un.

La vérité derrière la chirurgie esthétique des femmes mariées, c'est que ce sont des salopes qui veulent nous tromper.

C'est pour qui, ces seins refaits, franchement ? Pour elles-mêmes ? Pour leur amour-propre imaginaire ? Les femmes n'en ont aucun. L'estime de soi est synonyme de respect. Vous vous respecteriez, si vous étiez une femme ?

Je suis sidéré par le nombre de femmes qui sont sous antidépresseurs – sidéré par la faiblesse du chiffre ! Les antidépresseurs devraient être distribués comme des M&M's, dans des distributeurs à bonbons, dans les toilettes des femmes, partout dans le monde. Les dons pour le cancer du sein n'ont rien soigné du tout. Il serait peut-être temps, mesdames, de donner quelques pièces pour le Prozac de Dick.

Les femmes n'ont absolument pas l'amour-propre nécessaire qui leur permettrait un peu de grandir. La seule raison pour laquelle un certain pourcentage de celles qui sont mariées passe par la chirurgie esthétique, est ce besoin d'attention sexuelle, sans cesse grandissant, de la part de tous les hommes qu'elles croisent. Ça s'appelle tromper.

Les femmes me rendent dingue : 3e partie

Ce qu'il y a de plus important, quand on est prudent au volant, c'est de le rester, même bourré.

Quoi, ça arrive ! Parfois on doit conduire saoul, on n'a pas le choix, et les femmes n'ont qu'à fermer leur gueule ; ce n'est pas elles qui doivent déplacer la voiture à 8 h 30 du matin pour éviter la fourrière. Ce n'est pas elles non plus qui travailleront bénévolement trois heures et demie de plus, pour pouvoir payer l'amende et récupérer le véhicule.

Si vous considérez que conduire bourré, c'est le huitième péché capital, ou bien qu'un conducteur ivre devrait passer le reste de ses jours en prison, vous pouvez arrêter ici votre lecture. Il est clair que vous êtes une femme, et j'ai déjà rappelé qu'il vous est interdit de lire mon livre. Les femmes sont incapables de penser à plus d'une chose à la fois, alors que nous, les hommes, c'est par dizaines, par centaines. Une immense sagesse s'ouvre à nous, alors que nous unissons toutes nos pensées entre elles, tout en gardant une vue d'ensemble. Allez, les filles, retournez voir Oprah Winfrey, ou faire de la peinture aux doigts.

Maintenant, mes amis, penchons-nous sur quelques chiffres.

Parmi tous les accidents mortels, en 2004, deux fois plus d'hommes en état d'ébriété y étaient impliqués.

Quelle putain de surprise. C'est comme dire qu'il y a un milliard de fois plus d'hommes tués à la guerre ; ou six fois plus de blessures sportives liées aux coquilles de protection chez les hommes. Les femmes ne font jamais rien qui pourrait les mettre en danger, ou ruiner la précieuse image qu'elles ont d'elles-mêmes.

« Je ne savais absolument pas que tu étais saoul, quand je suis montée dans la voiture ! »

Ouais, bien sûr. C'était tout à fait normal que je passe ma tête par la fenêtre en roulant à plus de 60 km/h dans la courbe de sortie du parking, en hurlant : « Bordel, j'y crois pas, comment je peux conduire aussi bourré ! Regardez-moi partir en vrille au milieu de la route ! Yihaaaa, bande d'enculés ! »

Moi, je trouve que c'est un indice. Les femmes laissent conduire les mecs bourrés, même quand elles ne le sont pas. Ce sont *elles*, les irresponsables, pas moi, ni les hommes.

Les hommes peuvent également boire beaucoup plus que les femmes, tout en restant de meilleurs conducteurs. Si jamais passe cette loi qui obligerait les conducteurs bourrés à avoir des plaques d'immatriculation rouges, je pars immédiatement faire le tour complet des États-Unis avec un stock de plaques rouges, et un pistolet d'abattage. Toutes les femmes (sobres) devraient en avoir un.

L'homme le plus viril du monde

L'homme le plus viril du monde, vous avez grandi avec lui. Vous le connaissez très bien. Toute votre vie, en fait, vous l'avez connu. C'est un homme qui a eu sa part de coups durs. Il est parfois incompris, mais une chose est certaine : lorsqu'une situation devient vraiment difficile, il sait prendre le taureau par les cornes, et résoudre le truc. C'est un combattant et un amant – parfois les deux en même temps – et je suis presque sûr qu'il se définirait comme un touche-à-tout.

Cet homme le plus viril au monde, c'est vous.

Vous êtes un homme, ce qui signifie avoir une bite et des couilles. Ça veut dire aussi que vous avez ça en commun avec toutes les grandes figures de l'Histoire, celles qui ont accompli quelque chose de majeur dans leur vie. Si ça, c'est pas impressionnant !

En tant qu'homme, saviez-vous que vous aviez, collectivement, baisé plus de trente milliards de femmes ? L'homme partage son expérience, de Genghis Kahn à Dom Juan, en passant par Monsieur Tout-le-monde. Certaines de ces filles étaient de vraies bombes, et rien que pour ça, vous gagnez 1 000 points mâles par tête. D'autres, par contre, étaient d'atroces boudins, ce qui vous fait gagner 1 000 points mâles supplémentaires pour avoir autant d'humour.

Vous êtes un homme. Vous ne pouvez pas perdre.

Vous avez déjà vu une femme jubiler rien qu'à l'idée de recevoir une bague de fiançailles, en compagnie de ses sorcières d'amies ? Répugnant. Les femmes qui sont d'accord avec moi sont encore plus répugnantes de renier leur propre espèce.

Si c'était le contraire, et que les femmes devaient acheter une bague aux hommes, nous irions immédiatement la revendre pour acheter de la bière à tous nos potes, parce que les bijoux c'est con et idiot... sauf sur le ring du Super Bowl (*NdT* : « ring » = bague).

Qui a aboli l'esclavage ? Les hommes. C'est donc aussi un peu vous, puisque vous êtes un homme.

Posez la question à n'importe quelle féministe, et elle vous affirmera que tous les hommes sont responsables des actes de leur genre, ce qui signifie que vous êtes un dangereux violeur. Mais ça veut aussi dire que vous avez guéri la poliomyélite et que, trente ans d'affilée, c'est vous qui avez gagné la compétition de « l'homme le plus fort des États-Unis ». Vous avez aussi à la fois été, et tué, Abraham Lincoln.

Man Zen.

Manclusion

On s'est bien marrés, tous ensemble, avec ce livre. Ça s'est fait sans problème, grâce au fait que j'en ai interdit la lecture aux femmes. Bien sûr, ça limitera les ventes. Les femmes sont des lectrices voraces, parce qu'elles sont tout le temps en vacances, et peuvent passer toutes leurs putains de journées à lire sans perdre un centime. Personnellement, je n'ai pas de temps à perdre à faire des dessins au crayon sur du papier de bricolage.

À l'arrivée, les femmes sont toutes exceptionnelles pour une raison ou une autre, même si ces raisons, on les cherche toujours.

Elles sont exceptionnelles, mais également coupables de tout ce dont je les accuse dans ce livre. Pas la plupart d'entre elles, *toutes*. Il n'existe pas une seule femme sur Terre qui puisse échapper aux raisonnements tout-puissants de l'homme, ni à sa logique implacable.

En conclusion, continuez à vivre et faites tous les putains de trucs que voulez. N'oubliez cependant jamais ceci :

Ne vous laissez pas casser les couilles.

Dick

ANNEXE A

CE QU'IL DIT, CE QU'ELLE DIT

Parmi tous vos dons masculins, il y a celui d'en avoir. Des dons. Savoir lire une carte, ne pas abuser d'un chéquier, être plus grand que les femmes, toutes ces choses qui font l'équation masculine de notre Grandeur. Le seul don dont peuvent jouir les femmes, c'est d'avoir de gros seins. Certaines d'entre elles ont un beau cul, mais on ne peut pas vraiment considérer ça comme un talent, puisqu'elles le foutent en l'air avant l'âge de trente ans. Un vrai don ne peut pas être fichu en l'air.

Moi, Dick Masterson, j'ai le don de savoir rembarrer les femmes et leurs accusations à la con, avec des arguments virils. J'ai envie de partager ça avec vous tous, en particulier avec les jeunes hommes. Les reparties qui suivent, si elles sont amenées correctement, et par un homme, sont garanties pour faire fermer leur gueule aux femmes.

Vous pouvez arracher ces pages et les garder sur vous. Ça vous enrichira bien au-delà de vos rêves les plus fous.

Le guide de référence des réparties les plus cinglantes, par Dick

Tu ne serais même pas ici, s'il n'y avait pas les femmes !
Aucun d'entre nous ne serait ici, s'il n'y avait pas le viol. Ça t'ira, comme réponse ?

C'était pas un homme, Hitler ?
Et Elvis ?

Tu détestes les femmes !
Est-ce que tu détestes tes vieilles chaussures parce que les nouvelles sont mieux ?

Est-ce que ta mère sait que tu penses tout ça ?
Est-ce que ta mère sait que tu t'habilles comme ça ?

Être mère, c'est comme avoir deux métiers, et impossible de pointer en partant !
En arrivant non plus.

Si tu aimes tant les hommes, pourquoi tu ne couches pas avec eux ?
Parce qu'ils m'aiment pour ce que je suis.

On n'a jamais donné aux femmes l'occasion de se surpasser !
Pas besoin d'occasion particulière, pour se surpasser.

Les femmes sont meilleures que les hommes pour poser plein de questions !
Bousiller plusieurs trucs en même temps n'a rien à voir avec poser plein de questions.

Les femmes sont plus sensibles que les hommes !
J'espère pour toi qu'aucun vétéran ne t'entendra dire ça.

Les hommes sont à l'origine de toutes les guerres !
C'est également eux qui y ont mis fin.

Les hommes ne s'intéressent qu'à une seule chose !
Le foot ?
Le sexe !
Oui, mais seulement quand boire, fumer, camper, aller au ciné, regarder la télé, se droguer, faire de l'exercice et s'amuser n'est plus possible.

Les hommes sont laids et répugnants !
Tiens, voilà une enveloppe et un timbre. À adresser, avec ton commentaire, à : toi, dans trente ans.

ANNEXE B

LE MANTIONNAIRE (OU DICTIONNAIRE MASCULIN)

Il y a des termes, dans ce livre, dont vous, les hommes, connaissez peut-être la définition instinctivement, mais que vous n'aviez pourtant jamais lus ou entendus avant.

C'est sans doute parce que je les ai inventés.

Je n'ai trouvé aucune langue capable de décrire correctement les hommes, et leur supériorité sur toutes les autres espèces créées par Dieu. J'ai donc pris sur moi d'inventer les mots suivants pour ma propre satisfaction. Très viril de ma part, certes, mais c'est encore plus viril d'en donner les définitions alors que personne ne me le demande.

À ceux qui insistent pour que j'appelle ça le *Dicktionnaire*, je pose une question : est-ce qu'on appelle l'Amérique « Colomb Ville » ?

félicitations man-sculines

Le mot « félicitations » (*NdT* : « kudos » ici, en v.o.) ne doit jamais être prononcé par un homme, à part pour signaler à un autre qu'il ne doit jamais être prononcé.

Prononcer « le mot en f » aura pour conséquence une perte vertigineuse et sans fond de points mâles, impossible à rattraper. C'est la raison pour laquelle j'ai inventé une version 100 % masculine du mot que l'homme ne doit pas prononcer. C'est *félicitations* man*sculines*. En le disant ainsi, vous renforcez les caractéristiques de l'original, tout en vous affirmant encore plus en tant qu'homme. Vous êtes un pionnier du langage, et faites bien savoir à tout le monde qu'on ne se fout pas facilement de votre gueule.

man-tastique

En voilà un que j'utilise souvent, et pour cause. C'est un mot pour ceux d'entre nous qui veulent dire qu'un truc est fantastique, mais sentent que quelque chose ne va pas. « Fantastique », comme mot, est entaché de féminité. C'est un mot féminin ; il y a ce « f », juste là, au début. En tant que tel, il a perdu tout son sens au cours des années. Avec *mantastique*, j'ai corrigé l'erreur du dictionnaire, en ajoutant « man » devant.

À utiliser avec parcimonie, sauf si vous êtes capable d'être viril absolument tout le temps.

man-jo

Le *manjo*, c'est le grand art du baratin de l'homme. C'est son style. Plus précisément, c'est quand un homme se comporte et parle en brouillant volontairement les pistes, comme un magicien devant des enfants, laissant les femmes dans la plus totale incompréhension, bouches bées, en attendant la suite.

Elle : « Pourquoi je ne peux pas acheter ce sac ? Tu t'es bien acheté une voiture de sport à 22 000 $ la semaine dernière. »

Lui : « C'est un investissement. »

Elle : « Oh. »

Ça, c'est un bon *manjo*.

Man Zen

Les hommes peuvent garder en eux, en même temps, plusieurs forces opposées ; une caractéristique qui est l'un des constituants de nos vies depuis la naissance. Exemple : les hommes ont en eux la pulsion toute-puissante de défoncer un mur – même si ce mur n'existe pas. C'est le *Man Zen*. Un homme est également capable de se dire *J'ai peut-être tort, bien que je sois un homme.* Vous imaginez ça ? Cette capacité d'assembler des pensées radicalement opposées est ce qui dirige l'esprit de l'homme. C'est son énergie débordante, l'élégance de sa sagesse et son socratisme.

C'est son putain de *Man Zen*.

pénis-toire

Les femmes ont vite fait de se mettre dans tous leurs états. N'essayez pas d'intervenir, ça ne servirait à rien. Parmi les déclencheurs, il y a le terme « man », dans des mots de tous les jours comme « émanciper » ou « manuel ». Et puis il y a « *his*toire » (*NdT* : « his », son, sa ou ses, selon le nom qui suit, désigne toute possession masculine). « Histoire » n'est pourtant pas, selon moi, un mot encore suffisamment viril ! Il m'a fallu le relire six fois avant de réaliser que « his » renvoyait à ce qu'il avait de masculin.

Par respect pour les efforts *man*culéens que nous, mâles parmi les mâles, avons fournis sur cette saloperie de planète depuis un million d'années, j'ai changé le beaucoup trop féminin « histoire » en « *pénistoire* », autrement plus adapté.

Vous pouvez toujours essayer d'ajouter « vagin » à n'importe lequel de ce genre de mots, ça ne marchera pas, sauf dans *vaginopoly*.

man-punité

Parfois, il faut savoir faire une grosse connerie sans pour autant perdre ses points mâles.

Serrer quelqu'un dans ses bras en lui donnant de petites tapes dans le dos peut se faire en toute *manpunité*.

Lorsque vous vous excusez, si jamais vous dites « Je suis désolé », vous vous infériorisez. Plus aucune *manpunité*, mais une grosse perte de points mâles. S'excuser auprès de quelqu'un qui le mérite n'implique pas nécessairement de dire « Je suis désolé ». Quel intérêt ? Vous mettre tout seul le nez dans la merde ? La seule chose à faire, c'est de vous rendre compte que vous avez déconné. Les hommes n'ont pas besoin d'entendre d'excuses, et les femmes ont toujours tort, alors rien à foutre.

Les hommes savent lire dans les pensées. Donnez-moi une seule autre putain de raison qui expliquerait qu'on puisse fréquenter les femmes depuis autant de temps ? Les femmes sont les plus arriérées des communicantes au monde.

man-swer

Avez-vous déjà posé, à un homme, une question à laquelle il ne sait pas trop répondre ?

Une *manswer* est une réponse (*NdT* : « answer » en v.o.) dont un homme n'est pas certain. C'est l'une de ces nombreuses caractéristiques masculines qui font que nous sommes un nombre incalculable de fois meilleurs que les femmes. Si vous demandez à une femme quelque chose qu'elle ne sait pas, elle vous fera la réponse la plus inutile au monde : « Je ne sais pas. » Elles appelleront ça de l'honnêteté, et l'exprimeront avec une vulgarité gênante, mais laissez-moi vous poser une question : si vous demandez à dix hommes ce qu'est le camembert, et que neuf vous répondent « Un genre de Cadillac », est-ce que ça veut pour autant dire qu'ils auraient tort de l'utiliser dans ce sens-là ?

Non. Ça ferait d'eux des hommes.

man-motionnel

Les émotions font partie de ce qu'il y a de plus masculin dans tout l'univers. La dernière fois que j'ai vu un homme se casser le poignet en frappant sur sa voiture, j'ai pensé : « Merde, ce mec se laisse à coup sûr emporter par ses *manmotions.* »

man-stinct

Vous avez déjà eu ce sentiment que quelqu'un était sur le point de vous baiser ? Ou que vous-même alliez baiser quelqu'un ?

Lorsqu'un homme juge une situation, ou une personne, avec ses tripes, on dit qu'il fait appel à son *manstinct.* Lorsque c'est une femme, c'est du racisme.

La mémoire des femmes ne fonctionne pas comme la nôtre. Elle fonctionne à l'envers, ce qui fait qu'une femme se souvient de ce qui l'arrange, en fonction de l'importance de la catastrophe de sa situation présente. Si par exemple elle est enceinte, et que son mari est mort au combat, on se souviendra pour toujours de lui comme de l'amour de sa vie. C'est le *manstinct* de ce mec qui l'a éloigné de cette cinglée.

man-tuition
Voir *man-stinct.*

man-tivités
Toute *mantivité* vous rapportera des points mâles. Voici une petite liste : boire de la bière, fabriquer de la bière, verser de la bière sur tout le corps d'une nana sexy, vendre illégalement de la bière – en gros, tout ce qui se rapporte à la bière et n'en gâche pas –, jurer devant des enfants, porter des lunettes de soleil à l'intérieur, s'acheter des cadeaux pour son propre anniversaire, dormir avec ses habits, continuer à boire après avoir vomi, vomir après avoir continué à boire après avoir vomi, s'envoyer en l'air avec une nana sexy et bourrée après avoir vomi après avoir continué à boire après avoir vomi, et discuter avec une femme en étant tout particulièrement condescendant.

man-musement
Toute *mantivité* est un *manmusement.* Elle ne sera jamais un simple amusement, ce ne serait pas suffisamment masculin.

ADM
M comme « Mâle » : c'est l'ADN de l'homme. Si Dieu avait couché avec lui-même, de cette union serait sortie l'espèce Mâle, et la marque de notre cerveau Masculin tout puissant serait inscrite dans notre *ADM* métaphysique. Je tenais à conclure sur une putain de solide note philosophique.

Imprimé en Slovaquie en janvier 2012
ISBN 978-2-36164-086-6
Dépôt légal : janvier 2012
Première édition : janvier 2010